選挙学入門

選挙プランナーが明かす逆算の思考

野澤髙一

平凡社

選挙学入門——選挙プランナーが明かす逆算の思考

このページからはじまるイラストは丸数字の順に選挙の最初から終わりまでを示しています。ぜひパラパラめくって選挙の流れをご体感ください。

①外観管理も選挙プランナーの仕事です。

目次

第3章 マーケティングのすすめ

②事務所開きでは選挙が
無事に終わることも願います。

③応援弁士は仲間にお願いします。

プロローグ

主人公が国会議員になるテレビドラマがときどき放映される。

今年も、草彅剛演じる議員秘書が国会議員になるドラマ『罠の戦争』（フジテレビ系、2023年）があった。

少し前にも、木村拓哉が演じる小学校の教師が国会議員へ、そして内閣総理大臣になるドラマがあった。

このドラマ『CHANGE』（フジテレビ系、2008年）に選挙プランナーがテレビドラマの役柄として初めて登場する。ドラマの選挙プランナーは、主人公の選挙初挑戦時から指南し、その後もアドバイザーとなって主人公を支え続けるのだ。

この人気ドラマを見て、選挙プランナーという仕事を知った人も多かったと思う。

その選挙プランナーの台詞に、

「選挙は選挙のプロが仕切る！」
「選挙は戦争だ」
「選挙こそは唯一法律で許された戦争なんだ！」

というものがある。

さらにドラマの第1話に、初出馬となる補欠選挙の選挙対策会議の場面がある。選挙プランナーが、電話調査のレポートを持参し、その結果を見ながら情勢分析に基づいた会議をするのだ。

また、投票日の1週間前の選挙対策会議の場面にも電話調査のレポートが登場する。いまでこそ当たり前になったが、科学的な世論調査に基づき選挙戦をすすめるやり方は、当時はまだ新しかったのだ。

選挙は、戦争に例えられる。

私も、選挙戦という言い方をする。どの選挙事務所にも、大抵「投票日まで、あと○日」と書いた日めくりカレンダーが貼られる。

私はそこに、「と20時間」を書きたし、選挙対策チーム、選挙スタッフの意識を変える。

選挙運動が「あと何日」できるかではなく、投票箱が閉まるまでの「あと○日と20時間」とするのだ。

往々にして、選挙運動に従事していると投票日の前日の土曜日で選挙が終わると思いがちだが、そうではない。

日曜日が選挙当日で、投票の日なのだ。

投票箱に候補者の名前が書いてある紙片が入っていなければ、選挙スタッフの活動が報われない。

だから、投票箱が閉まる時刻を掲げるのだ。

投票日は、選挙運動ができない。

公職選挙法で投票日は投票をお願いすることが禁止されているからだ。

投票する人が、投票される人のなかから一人を選んで、紙片に名前を書いて投ずる。

これが選挙だ。投票する人は、投票するためには投票箱のある場所まで行かなければならない。そして紙に当選させたい人の名前を書き、一票を投じる。

投票される人は、立候補しないと投票される人になれない。

投票される人は、当然だが、当選し、議員や首長になりたいがために立候補者となる。

選挙は、当選に向かって愚直にやるものだ。私は、古いやり方でも、そのやり方で勝てるならやる。

新しいやり方を加えないと勝てないなら、新しいやり方もやる。

私は、選挙戦を指南するときに、

「浮票を追わず」

をモットーにしている。この言葉は、商人の心得をわかりやすく説いた『文殊院旨《もんじゅいんし》意書《いがき》』のなかに書かれている「確実を旨とし浮利（目先の利益）に趨《はし》らず」という、言葉をもじったものだ。「浮票を追わず」の浮票とは浮動票のことではない。

浮票とは、数えられない支持者のことだ。

投票してくれた支持者の票が数えられれば、自ずと勝つのだ。票を数えるためには、投票してくれた人と連絡を取り合わなければならない。選挙中に連絡を取り合うには、普段から連絡を取り合う仲になっていなければならない。

本書を読まれて、選挙に出よう！　知り合いを応援しよう！　毎回欠かさず投票しよう！　など何らかのカタチで行動しはじめてくれたら、私は嬉しい。

そして、選挙プランナーになりたいと思ってくれたら、ありがたい。

選挙には、選挙のプロが必要だからだ。

２０２３年は4年に一度行われる統一地方選挙の年であった。地方選挙が統一されて20回目となる。

総務省のホームページでは、地方選挙の期日を統一する目的は、国民の関心を高めることとなっている。言い換えれば投票率を高めるためだ。

しかし投票率は次のような結果であった。

道府県知事選挙　４６・７８％
道府県議会議員選挙　４１・８５％
政令指定都市市長選挙　４６・６１％
政令指定都市市議会議員選挙　４１・７７％
一般市市長選挙　４７・７３％
一般市市議会議員選挙　４４・２６％

公職選挙法改正により、１９９７年に投票終了時刻が18時から20時になり、２００３年に不在者投票の手続きが緩和され、期日前投票が利用しやすくなったにもかかわらず、残念ながら十分な効果はあがっていない。選挙を通じての国民の政治参加が代議制の基礎である以上、投票率が50％未満なのは民主政治の危機である。

これまでの選挙戦では、有権者が得られる情報には限りがあった。
ポスターを見て、選挙広報を見て、政見放送を見て、候補者を選ばなければならなかった。

もっと候補者について知りたければ、演説会に足を運び話を聞いて、ビラをもらい読まなければならなかった。

しかしコロナ禍、インターネットを利用した選挙が定着した。有権者も積極的にウェブ上の情報にアクセスするようになった。

公職選挙法により、掲示できる選挙運動用のポスターや頒布できる選挙運動用のビラの数は決まっている。

また事務所の数、選挙カーの数、送れるハガキの数などにも制限がある。

さらに使えるお金の総額も決められている。

逆に、数量に制限のないものもある。

演説の回数、電話の架電数、ＳＮＳの投稿・更新数である。紙ものには数量制限があるが、ウェブ上の写真、動画の投稿数には数量制限がない。

私は当選するためには、支持率をつくり、投票率を上げることだと指南してきた。

しかしながら、もしかしたら投票所をお店、候補者を商品に見立てるやり方は、その商品を買おうとしているお客に対してはリーチできても、そのほかのお客に対してはリーチできないので、全体の投票率を上げられないのではと自問自答している。

いま以上に、棄権する人を増やさないためには、これからどうしたらいいのか。インターネットの活用は、その答えの一つになり得るだろう。

本書では、これまで培ってきた野澤流逆算の選挙術を紹介させていただき、読者に問うことで、皆さんにもこれからの選挙を考えてほしい。

第**1**章

選挙のすすめ

④応援弁士に候補者の
「人となり」を伝える演説を
お願いします。

⑤握手は「目を見て」とアドバイスします。

⑥握った手の数を数えます。

❶ 投票のすすめ

1 選挙とは何か？

日本では、議員や首長を生み出すために公職選挙がおこなわれる。
有権者には、

①衆議院議員総選挙
②参議院議員通常選挙
③都道府県知事選挙
④都道府県議会議員選挙
⑤市区町村長選挙
⑥市区町村議会議員選挙

の、6種の投票チャンスがある。

選挙はその種別によって選挙区が定められる。そして、1選挙区から1名を選ぶ小選挙区と、複数人を選ぶ大選挙区に大別される。

わが国の衆議院議員を選出する選挙は、小選挙区と比例代表制を組み合わせた「小選挙区比例代表並立制」によっておこなわれる。

また参議院議員を選出する選挙は全国を選挙区とする「比例代表制」と都道府県単位で1名から複数人を選ぶ「選挙区選挙制」を組み合わせた制度となっている。


議会政治では、どんなにすぐれた政策も、多数の賛成を得なければ実現できない。

そこで、政治上の考え方が同じような人々が集まって団体をつくり、議会で多数を占めて政策を実行に移そうとする。こうした団体を政党という。

各政党は、自分たちの政治上の主張や具体的な政策を明らかにして、できるだけ多くの国民の支持を得ようと活動している。

議員内閣制をとるわが国では、国会で多数を占めた政党が内閣を組織している。

こうした内閣を政党内閣といい、このように政党が中心になって政治がおこなわれる仕組みを政党政治という。

選挙によって衆議院の議席をもっとも多く占めた政党、いわゆる第一党の党首が、内閣総理大臣指名選挙で選ばれ、政権を担当する。

複数の政党が実現すべき政策を約束していっしょに政権を担当することもある。これを連立政権という。現在の政権は自民党と公明党の連立政権になっている。

選挙制度は、主権者である国民の意思を公平に反映するものでなければならない。

しかし、都市化と過疎化が進むにつれて、選挙区間で有権者数と議員定数との割合に格差が生じ、一票の重さが選挙区により大きく異なるという不平等が生まれている。いわゆる一票の格差をめぐる問題である。

選挙は、国政選挙と地方選挙に分けられる。国政選挙は、衆議院議員を選ぶ選挙と参議院議員を選ぶ選挙を指す。

衆議院議員は全員一斉に改選され、参議院議員は3年ごとに半数が改選されるので、それぞれの呼称は総選挙と通常選挙という。

任期はそれぞれ4年と6年。衆議院には解散があり、参議院には解散はない。定数は、選挙区と比例代表でそれぞれ定められており、衆議院議員の選挙区では289人／289選挙区、参議院議員の選挙区では、148人／45選挙区となっている。参議院の選挙区は一票の格差の解消のため、島根県と鳥取県、徳島県と高知県がそれぞれ合区になっており、47都道府県でも45選挙区になっている。そして衆議院議員の比例代表は176人／11ブロック、参議院議員の比例代表は100人／全国となっている。

投票は選挙区と比例代表では異なり、衆議院議員の選挙、参議院議員の選挙ではともに選挙区では候補者名を書いて投票するが、衆議院議員の選挙の比例代表では政党名を書いて投票するのに対し、参議院議員の選挙の比例代表では政党名でも候補者名でも投票することができる。

地方選挙は、都道府県の知事を選ぶ選挙と議会議員を選ぶ選挙、また市町村の、市町村長を選ぶ選挙と議会議員を選ぶ選挙がある。地方議会議員の選挙を一般選挙という。任期は4年間で、定数はそれぞれの地方の条例で定められている。

では具体的に、いまわが国において、選挙で選ばれた政治家（公職者）はどれほどいるのかをみていこう。

国会議員の定数は713人で、内訳は衆議院議員が465人、参議院議員が248人となっている。さらに衆議院は465人のうち、289人が小選挙区で選出され、176人が比例代表から選出される。一方、参議院議員は、148人が選挙区から選出され、100人が比例代表から選出される。

地方議員はどうかというと、2022年12月31日現在の総務省の議員の人員調べによると、都道府県議員が2679人、市区議員が1万8877人、町村議員が1万891人、合わせて地方議員の総数は3万2447人となっている。

これに知事、市区町村長という首長が公選職として加わる。都道府県知事47人、市区長815人、町村長926人。

こうしてみると、私たちが選挙で選ぶ公職者は、国と地方の議員を合わせ3万3160人、自治体の首長が1788人、合わせて3万4948人ということになる。

つまり約3万5千人の代表者が、国と地方自治体のお金の使い道を決める意思決定者だということである。

少数の代表者が私たちの納める税金の使途を決める、これが民主主義の基本的な仕組みである。

よって代表者を選ぶ選挙の仕組みは、公平で民主的なものでなければならない。そこでわが国では、公職選挙法を定めて、候補者の手続き、投票の仕方、選挙運動などについて統一的な規定を設けている。また、選挙に関する実際の事務をおこなう機関として、選挙管理委員会が置かれている。

政党の活動や選挙には多額の資金、いわゆる政治資金が必要になる。特に選挙での資金集めは、資金をどこからどのようにして集めるかが問題となる。特定の個人や企業・団体からの多額の資金提供は、時として見返りに政治が腐敗してしまうと考えられている。

こうした弊害を防ぐために1948年に政治資金規正法が制定された。この法律の制定によって、政治団体や公職の候補者が取り扱う政治資金の規正について定められた。また1994年に政党助成法が制定され、政党への助成金が国から交付されるようになった。

ちなみに、２０２３年分政党交付金の総額は、９党で３１５億余になる。

あなたの一票で、当選する人がいる。
あなたの一票で、政治家が公職者になる。

■**成人年齢の変更でどう変わる？**
○投票日の翌日に18歳になる方は、「選挙権あり」で、「選挙運動はダメ」
○公示告示日までに18歳になっている方は、「選挙権あり」で、「選挙運動もＯＫ」
○期間中誕生日を迎える方は、「選挙権あり」で、誕生日前日から「選挙運動もＯＫ」

２ 無投票当選とは何か？

選挙で、立候補者が定数と同じときがある。
選挙戦は、立候補者が定数を上回ったときにはじまる。
立候補者が定数と同じ、または定数に達しなかったときは、無投票で立候補者全員が当選者になる。

無投票当選のときには、有権者の投票機会はない。

２０２３年春の第20回統一地方選挙においては41道府県議会議員選挙では、総定数２２６０人のうち５６５人が無投票当選であった。

全国１００の市区長選挙では26人が無投票当選で決まった。県庁所在地の大分市長選挙や東京の中央区長選挙も無投票当選であった。町村議会議員選挙では、全国１２３町村の１２５０人が無投票当選した。20の町村では候補者が定員に満たず、定員割れであった。総務省に記録が残る昭和26年以降で、町村議会議員選挙の無投票当選者の割合は今回がもっとも高い割合であった。

無投票で当選が決まると、有権者は選挙戦がおこなわれないため政策論戦に触れることができない。

さらに有権者による、立候補者の民主的なチェックが働かない。

一方で、当選者は、選挙を通して有権者の意見がどこにあるのかを知ることができない。

政治的な競争は、地域の活力になる。

無投票で当選者が決まると、まちは元気をつくる機会をなくし、それが民主的無競争を生む悪循環に陥る。

無投票当選は、立候補者が悪いわけではない。

立候補者は、当然のごとく、戦う準備をし、政治的な審判をうけるつもりでいたはずだ。

もしかしたら、実績や経験が豊かな現職候補に新人候補が事前調査の結果から臆して出馬を取りやめたのかもしれない。

無投票当選は、投票する側から投票される人になろうとする人がいなかったのが問題なのだ。

わが国は、一定の条件はあるものの、誰でも投票される人になれる。

そして、誰でもその人を応援することができる。

無投票当選の背景には、地方議員のなり手不足の問題がある。

投票される側になりたい人を増やしていかなければならない。

そのためには、住民の政治に対する意識を喚起していくことが重要だ。

地方議会や議員はもっと情報を発信し、地方議会の見える化を図り、議員の存在価値を示すべきだ。

地方議員とはどういう仕事なのか、いかに魅力的な仕事かということを示してほしい。

選挙は地方自治の活性化のチャンスだ。地方自治の活性化こそ、地域未来の源泉なのだ。


無投票当選によって、地域の将来を考える機会が奪われる。

投票される人を増やし、投票する人を増やす、両方に取り組まなければならない。

投票される人が増えれば、投票する人を増やすことができる。

投票する人が増えれば、投票率が上がる。

投票率が上がれば、地域をもっと良くすることができる。

投票率は、衆知の結晶だからだ。

選挙戦には、多くの人がかかわる。人には知恵がある。

投票される側には経験と知恵が必要で、選挙スタッフも必要だ。

投票する人の知恵も活用する。

投票率を向上させるためには、投票される側、投票する側の双方が将来について考えることが重要だ。

２０２０年からの3年間は新型コロナウイルスがまん延し、感染拡大防止策が講じられた。そのため、いたしかたないことだが、対話集会はほとんどおこなわれていなかった。今後は日本中のあちこちで対話集会や政治教室が数多く開かれることを願っている。

3 投票率について

戦後、新しい憲法のもとで男女平等の普通選挙制になって80年近くになる。

最初の1945（昭和20）〜1975（昭和50）年は、国政選挙でも地方選挙でも投票率は70〜90％台だった。

しかし、時が経つにつれ、次第に投票率は右肩下がりとなった。

最近は50％を切る選挙も多くなった。当選に必要な最低得票数を候補者が得られず、再選挙になることもある。

大袈裟に言えば、**有権者の半数が投票しないのは日本の民主主義の危機**とも言えないか。一方では投票率が低いことは一概に悪いことだとは言えない、という意見もあるが、やはり〝おまかせ民主主義〟のような光景がまん延することは決して良くない。

では、なぜ投票率が上がらないのか。

- 選挙の投票に行っても行かなくとも何も変わらない
- 選挙にあまり関心がなかった
- 適当な候補者も政党もなかった
- 政治のことがわからない者は投票しない方がいいと思った
- 政党の政策や候補者の人物像など違いがよくわからなかった

●仕事があったから投票しなかった
●用事があった
●膝が痛い
●体調がすぐれなかった
●投票所が遠くなった

など、理由はさまざま考えられるが、一番の理由は選挙戦が盛り上がらないからだ。盛り上がらない選挙戦の最たるものが先にみた無投票当選である。立候補する人が増えれば応援する人も増え選挙戦は盛り上がる。議員になりたい人を増やすためには、

●議員報酬引き上げ
●議員の厚生年金制度
●兼業規制の緩和
●企業による立候補休暇制度や休職・復職制度の導入

なども、いま一度、検討すべきである。

❷ 政治のすすめ

1 政治は誰のもの

そもそも政治は、誰のためのものなのか。

日本国憲法はその前文で、

「日本国民は正当に選挙された国会における代表者を通じて行動し、われらとわれらの子孫のために、諸国民との協和による成果と、わが国全土にわたって自由のもたらす恵沢を確保し、政府の行為によって再び戦争の惨禍が起ることのないようにすることを決意し、ここに主権が国民に存することを宣言し、この憲法を確定する。そもそも国政は国民の厳粛な信託によるものであって、その権威は国民に由来し、その権力は国民の代表者がこれを行使し、その福利は国民がこれを享受する」

（新仮名づかいに直した）

と記している。

わが国は憲法前文からも明らかなように、代議制の仕組みをとる、いわゆる間接民主制を採用している。

国民の政治への参加は基本的人権の一つであり、重要な意味を持っている。選挙により代表を選び、その代表を通じて国民は政治に参加し、意思を反映させることになっている。**すなわち、政治は国民のためのものであり、政治を担当する代表を選ぶために選挙がある。**

代表を選び出すために、次の5つの原則がある。

①普通選挙の原則
②平等選挙の原則
③直接選挙の原則
④自由選挙の原則
⑤秘密投票の原則

代表に選ばれたものは、国民のために政治をおこなう。

選挙は、公の人を選ぶ場であり、それは選挙で選ばれた人を公職である首長、議員とみなすためにおこなわれる儀式とも言える。

選ばれた人は公人として国や自治体の意思を公式に決定できる権限を持つ。代表者として公共政策の決定にかかわる免許を与えるのが選挙なのだ。それは、選挙を通じて民意の審判をうけ、代表者であるとみなされるからである。

政治学ではこれを〝政治的正当性〟の確保と呼んでいる。〝代表であるとみなす〟、この〝みなす〟というのは一つの擬制（フィクション）である。投票箱は、有権者の投ずる一票が、あの変哲もない箱を通過することで〝神聖な一票〟に変わる、つまり

〃民の声〃を〃天の声〃に変えるマジック・ボックスとも言える。この説明は行政学者の大森彌《わたる》氏（東大名誉教授）に負うものである。

国民の代表として、良き決断を公職者にお願いしたい。

有権者は、政治家を育てなければならない。

そのための第一歩が投票所に足を運ぶことだ。

2 政治の三角形

私は、選挙を考えるときに、政治の三角形を使う（下図）。

政治の三角形とは、権力の構図を図示したものだ。

三角形の下層部に宗教を置く。

宗教とは人のことだが、あえて宗教にしている。

中層部に国家があり、その上層部にお金がある。

私は、選挙というのは、政治の三角形が、投票日で切

権力の構図（政治の三角形）

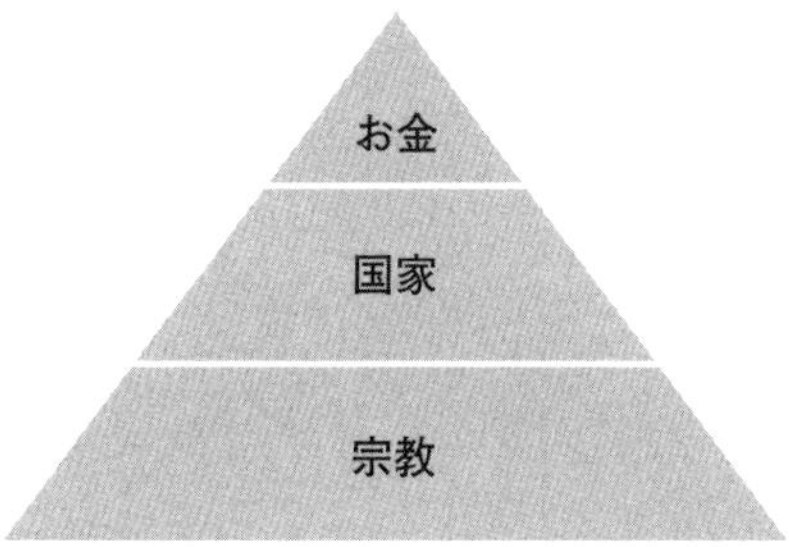

り取られる作業のように考えている。

このような考え方になったのは、2010年の(米国)中間選挙のときと、2011年に米国国防省の人材育成教育プログラムでアメリカに行ったことが大きく影響している。

アメリカでは信仰を告白され、「あなたの宗教はなんですか?」と何度も聞かれた。アメリカでは信仰を持っている人がいて国家がある。宗教を抜きにしては政治は語れないのだ。

日本では、ほとんどの人が自己紹介の際に信仰について語るということはない。逆に宗教という言葉を使うと、拒否反応がでる人もいる。

しかし、政治をやるには宗教と国家という考えがないと、お金の分配ができない。

アメリカの政治学者、D・イーストン氏は、政治を「社会に対する価値の権威的配分」と定義した。この定義を基本に、

「政治は希少資源の権力的分配である」

と言い換えられてもいる。

政治とは、お金を配る権利のことだ。

お金を税金に置き換えると、税金をどう配るのかということになる。

権力の構図を、政治の三角形で表したときに、真ん中の国家部分は議会の構成に置き換えることができる。

議会の半分を超えた方が与党となり、半分に届かなかった方が野党になる。

与党は国民を代表して税金を配る権利を得る。

この税金を配る権利を誰にまかせるか、有権者が決めるのが選挙だ。

アメリカに住む人にとって選挙は、投票することで自分は合衆国の構成員（国民）であると認識する機会なのだ。

また、国家とは、自発的な意思によって政治に参加する人たちの意見でカタチづくられるものなのだ。

選挙とは、政治の主役である国民が、投票を通じて、主権者としてその意思を政治

に反映させることのできる、もっとも重要かつ基本的な機会である。

二度のアメリカ訪問は、私に、選挙の技術を学ぶ機会を提供してくれただけでなく、そもそも民主主義とは何か、選挙とは何か、そして国家とは何かを、学び直すきっかけを与えてくれた。

民主主義を使いこなすとは、有権者が政治を自分ごとと考え主体的に政治にかかわること、そして、政治家の役割は、国民との十分な対話ののちに決断することなのだと。

政治家も国民の一人。

対話を尽くしたのちの決断だからこそ、そこに国民の理解が生まれる。

アメリカには多くの対話の場があった。

政治は、対話によって成熟し、成り立っているのだ。

権力の構図（政治の三角形）

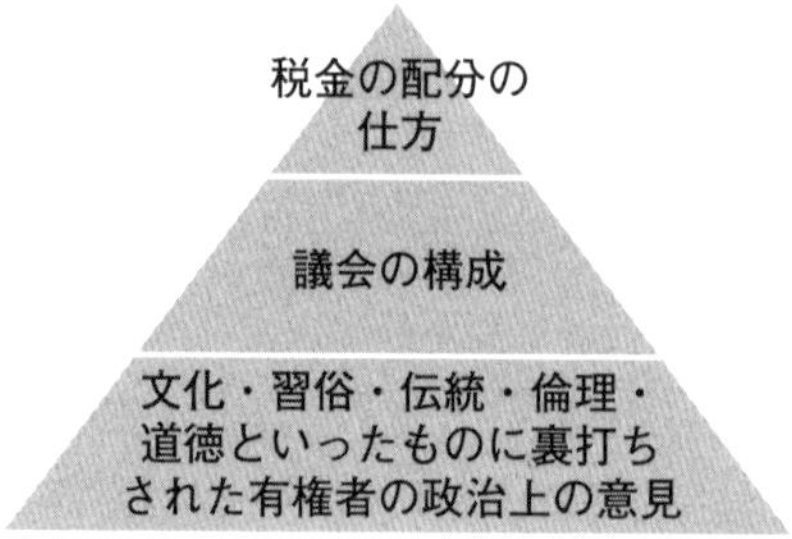

権力の構図を、政治の三角形で表したときに、土台は宗教だと述べた。

これは、日本では、文化・習俗・伝統・倫理・道徳といったものを包含した概念になる。

言い換えるなら、自己のアイデンティティのよるべき基盤であり、敷衍《ふえん》すれば、文化・習俗・伝統・倫理・道徳といったものに裏打ちされた有権者の政治上の意見である（右図）。

政治の三角形を、投票行為で切り取る作業が選挙だ。

選挙の結果で税金の配分の仕方をどうするのかが決まる。

政治家は有権者の意見に耳を傾けてほしい。

そして対話してほしい。

③アメリカ訪問記

1 アメリカの選挙

オバマ大統領が誕生した２００８年当時、日本のテレビでも大統領選挙の様子が特集で紹介されていた。

私はオバマ大統領誕生から2年後、２０１０年の中間選挙の日程に合わせて10月下旬に渡米した。

滞在期間10日間の拠点は、ワシントンDCに近い、メリーランド州ロックビルのゲストハウスを選んだ。

アメリカの選挙キャンペーンのやりかたは、日本の選挙とはさまざまな点で違いがあった。

日本では選挙のポスターはほとんどの場合、選挙管理委員会が用意してくれた公営ポスター掲示板に貼る。

しかし、私が見たメリーランド州では、そもそも公営掲示板が無く、ロータリーのまわりなどに各自が看板を刺していた。

アメリカの選挙は、投票日が2年に一度しかない。前の選挙から2年後の、11月の第一月曜日の次の火曜日が投票日となる。4年に一度、大統領選挙がある。私が訪問したときにおこなわれていたのは、大統領選挙と大統領選挙の間の選挙で、中間選挙という言い方になる。

中間選挙では、連邦議会上院議員、連邦議会下院議員、州知事、州政府上院議員、州政府下院議員などを選ぶ。

アメリカの議員選挙は、すべてが相対多数の票を得た候補者、最多票を獲得した候補者が当選する小選挙区制である。

日本のような大選挙区や比例代表制度はない。

大選挙区や比例代表制度がない選挙システムでは小政党は不利な立場に置かれる。

メリーランド州の細かな選挙システムの説明は省くが、選挙区の立候補者は、共和党の候補者、民主党の候補者、そしてインデペンデント（無所属）の、3人が争う選挙戦がほとんどだった。

投票日の11月2日はジョンズ・ホプキンズ大学の近く、メリーランド州立大学ロックビル校に隣接するシェイディ・グローブ大学のなかの投票所を訪ねた。入り口に看板はなく、構内の地面に、候補者看板が不規則に刺さっていた。なんと、建物内の投票所の部屋を示す案内は英語とスペイン語で、手書きだった。

部屋に入ると、壁に投票の注意書きが貼ってあった。

投票マニュアルも、英語とスペイン語の2か国語で、投票方法は、タッチスクリーン方式とオーディオ方式で、プリントアウトした紙にサインをして投票箱に入れていた。

夜ゲストハウスに戻り、ケーブルテレビで選挙特番を見た。画面には開票情報が次々と映され、当選者がインタビューされていた。

そして、私は2か月後の2011年1月に、米国国務省インターナショナル・ビジター・リーダーシップ・プログラム（IVLP）に参加するため、再び渡米した。

２専門家交換プログラム

ＩＶＬＰは、米国国務省の最高の専門家交換プログラムである。

米国の外交政策の目標をサポートする目的で、参加者に応じた専門的な会議やミーティングを国務省担当者がプログラムしてくれる。

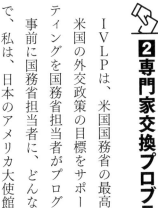

事前に国務省担当者に、どんな人に会いたいかを、リクエストすることができたので、私は、日本のアメリカ大使館を通じて、２年前のバラク・オバマ陣営の、ストラテジスト（戦略家）、キャンペーンマネージャー、メディアプロデューサー、そして情勢分析の担当者（ポールスター）、ボランティアスタッフに会いたいとリクエストし、それから選挙リサーチ会社と、全米世論調査協会にも行きたいとお願いした。

United States Department of State
Bureau of Educational and Cultural Affairs

This is to certify that

Koichi Nozawa

Participated in the
International Visitor Leadership Program

on

"Public Opinion Polling in the U.S."
January 24 - February 1, 2011

Director
Office of International Visitors

ワシントンＤＣでは、まず、国務省に伺い担当者の方からＩＶＬＰの修了書をいただいた。

　担当者の方は、オーガスタ・バブソンさんという方で、「私が、今回のＩＶＬＰの工程表を作成しました。パブリック・オピニオン・ポーリング・イン・ザ・ＵＳ（米国世論調査）はＩＶＬＰでは初めてのプログラムで、一からつくりました。ＩＶＬＰでは、できるだけ多くの方に会ってもらい会議をしてもらいます。そして西海岸までの多くの都市を訪問してもらいます。それはアメリカがとても広く、大きな国であることを見てもらいたいからです」と説明された。

「この度のプラグラムでは、アポイントメントを取るべき人を探すのには苦労しましたが、ＩＶＬＰの趣旨を説明し、日本から意見交換に来ると伝えると、皆さん即ＯＫの快い返事でした。そして工程表づくりを通じて、選挙はアメリカ合衆国が一つの国であるために不可欠なものであると気づかされました。今回、オバマ大統領誕生にかかわった民主党支持者とつながりをつくれたことは、国務省にとって、とても有益なことであり、私にはとても楽しい仕事でした」と、感謝された。

　私は、選挙とは、有権者が参加することで自分が国民だと認識することができる機会であること、選挙によって国は一つであると意識する機会であること、そして**選挙ができる国が民主主義の国だということ**を、あらためて認識した。

日本にいたときには気づかなかったことである。

私に用意された工程表は、ワシントンDCからカリフォルニア州に行き、イリノイ州に行く予定になっていた。

イリノイ州は、オバマ大統領が州議会上院議員だった地元だ。

国務省を後にして、まずジョージタウン大学に向かった。そこで、ウゼビオ・ムハル教授から、アメリカ史の講義を受けた。

次に、IFESを訪ね、東ティモールで選挙システムづくりを支援したラケッシュ・シャルマさんから話を伺った。


シャルマさんは、「**選挙システムは単純で、簡単が良い。しかしながら単純で、簡単な選挙システムづくりが難しい**」と言われた。

翌日は、キャピトル（連邦議事堂）内部を見学した。

その後ワシントンDCにある選挙キャンペーンの会社を歴訪し、ディスカッションした。

そのなかに、ストラテジック・テレメトリー(Strategic TeleMetry) というマイクロターゲティングをしている会社があった。

マイクロターゲティングは、オバマ大統領誕生時に、日本でも話題になったやり方である。

オバマ陣営の担当コンサルタント、アンドリュー・ドレシュラーさんから直接、話を伺うことができた。ドレシュラーさんは、マイクロターゲティングをマトリックスの図を示しながら説明してくれた。

「オバマ陣営は、クリントン氏との予備選においては、次の2点に絞り込んでデータ分析をおこないました。

一つ目は、オバマ氏の演説などの直接的なアプローチにより支持してくれる浮動層の発掘。二つ目は、すでにオバマ氏を支持することを決めている有権者の特定です。この分析を基に、支持してくれそうな浮動層に対して、効果的なコミュニケーションをおこない、支持者を増大させる。またその一方、既支持者には最低限のコストで維持することを狙います。

データ分析の基になったのは、選挙運動に先立っておこなった、数十万人規模の有権者調査です。コンピューターがあってこそ、マイクロターゲティングは成立します。その**分析結果から、有権者の行動や心理について予測モデルを作成**します。Aデパートでよく買い物をし、ハイブリッド車を所有する30歳代の女性は、環境問題に関心が強く、オバマ氏を支持するかどうか迷っている、といった形で浮動層を発見できます。

マイクロターゲティング

		イデオロギー		
		Always Vote With Us	Swing Voters	Always Vote Against Us
投票行動	Always Vote	低コストで維持	直接的なアプローチ	
投票行動	Sometime Vote	直接的なアプローチ	直接的なアプローチ	
投票行動	Never Vote			

陣営では、こうした特性に合致する有権者をリストアップし、ポイントを絞り込んだ内容で、電話をかけるなどしてオバマ支持を訴えました」と教えていただいた。

後日、カリフォルニア州の州都サクラメントに行ってわかったが、アメリカでは立候補希望者が州務長官室に行くと、選挙人名簿をCD-ROMでもらえる。

そのCD－ROMには、住所はもちろん、セルフォン（携帯電話）の電話番号に、メールアドレスまで載っている。

アメリカも年齢で有権者になるが、有権者登録をしなければ投票することができない。

ドレシュラーさんは、「**まず浮動層を確定させる、そして、その中からオバマ支持の見込み層をつくるまでがマイクロターゲティングです**」と言われた。

私は、ストラテジック・テレメトリー社は支持者見込みリストをつくるまでが仕事で、支持者を投票に行かせるのは、選挙対策チームと地域の活動家だろうと想像した。日本で集票活動をする活動家集団のことをマシーンという言葉で紹介されていた。

個人に関する情報を詳細に調査し、嗜好や行動パターンを把握することによって、より効果的な戦略を構築する手法がマイクロターゲティングである。

マイクロターゲティングを可能にしたのは、コンピューターシステムのデータ処理スピードと、的確なアンケート調査だった。

やはり、**日本と同じように、厚みを増した浮動層の支持度合いが勝敗の分かれ目に**

なっているとのことだった。

説明をうけたマイクロターゲティングは、民主党大統領候補を決める予備選挙の話だったので、民主党支持者のなかで、オバマ候補に投票するかを悩んでいる人を浮動層としている。

よって、ここでいうオバマ浮動層とは、オバマ候補に投票するか、予備選挙を最後まで争ったヒラリー・クリントン候補に投票するか決めかねていた人ということになる。

無党派と浮動層はまったく違う。
私は、支持する政党がない人を無党派と呼んでいる。

無党派の人の特徴は、候補者個人を評価して投票することにある。

政党支持者でありながら、党（公認）の候補者に投票するか悩んでいる人たちを浮動層と呼んでいる。

候補者個人を評価するところは、無党派の人と似ている。

アメリカでも、共和党支持者でも民主党支持者でもない人が増えている。

アメリカにおける投票行動の研究者の間では、浮動層は１９６０年代からその存在は指摘されていて、インデペンデント・ボーターズという表現であった。

アメリカにおいて、浮動層はそれまで６％程度だったが、１９６６年以降に急増し、１９７０年代の初頭には20％台になっていった。

ちょうどそのころの学生運動が拡大していく過程と一致するように、無党派はさらに増加し、１９７０年代の半ばには35％程度が有権者のなかで無党派になっていた。

その後は若干の増減はあるが、おおむね無党派層（independent voters）が約35％、民主党支持層（the Democrats）が35％前後、共和党支持層（the Republicans）が25％程度で推移している。

メリーランド州で、共和党候補と民主党候補の対決から、インデペンデントの候補者が加わり３人の争いになったのも、このような背景があったからだ。

ワシントンＤＣを後にし、カリフォルニア州に向かった。

州都サクラメントでは、まずカリフォルニア州の州務長官室に伺いスタッフの皆さんにお会いした。

その後、メタ・リサーチ（Meta Research）社に伺い、サム・オキさんにお会いした。メタとは、間という意味で、有権者と政治家の間にある感情の分析を、SNSを通じておこなっているとのことだった。いまでいうところのビッグデータ解析のような説明であったが、メタ・リサーチ社は、SNS上で発言をしている人のコミュニティをつくっていると言われた。

サクラメントでもう1社、アコスタ・サラザール（Acosta Salazar）社を訪ねた。サラザール社は、政治キャンペーンのコンサルティング会社である。メディアを使った広報を得意としていて、キャンペーンの管理と広報ソリューションなどを提供していた。

私は、有権者へのアウトリーチ、ダイレクトメール、キャンペーン広告について、意見交換した。

夕方からサンフランシスコに移動し、定番のシーフードを食べた。翌日、スタンフォード大学に向かい、ダグラス・リバーズ教授に会った。

リバーズさんは、英国に本社があるユーガヴ（YouGov）社のＣＥＯでもあり、ユーガヴ社は、ヨーロッパ、北米、中東、アジア太平洋に拠点を置き、国際的なインターネットベースの市場調査およびデータ分析を主とする会社である。

米国ではポリメトリックス（Polimetrix）社を買収し、インターネットで、選挙の有権者調査をおこなっていた。リバーズさんからは、インターネット調査の対象者の選び方を教えていただいた。

年齢、性別、未婚か既婚かの他に、収入、最終学歴、愛読している新聞、などを属性としていた。

特に選挙では、収入、最終学歴、愛読している新聞の差異で、投票先が変わると分析されていた。

サンフランシスコからシカゴに移動し、シカゴからノースウェスタン大学に向かった。ノースウェスタン大学で、全米世論調査協会の前会長、ピーター・ミラー教授に話を伺うことができた。

日本では調査設計についての研究が盛んだと伝えると、

「リサーチで一番大切なことは透明性の確保です」

と言われ、もちろん、調査設計は大事だが、もっと重要なことは、「どうやってリサーチしたのか、調査主体は調査の方法を明らかにしなければなりません、そしてそのリサーチが、役に立たなければなりません。目的を持っておこなわれたリサーチが、その目的を果たすことが重要です」と話された。

シカゴでは、シカゴトリビューン（Chicago Tribune）という新聞社と、イプソス（Ipsos）という世界第3位のグローバル・マーケティング・リサーチの会社を訪問した。それからNPO法人ワールドシカゴ（World Chicago）のホームパーティーに招かれた。ワールドシカゴのメンバーは、その多くがオバマ選挙のボランティアスタッフとして参加していて、選挙好き同士、パーティーを楽しんだ。

二度のアメリカ訪問で感じたことは、アメリカでは政治が身近にある。そして多くの人々が自分の意思で選挙キャンペーンに参加し、真摯に政治にかかわっているということであった。皆が好きでアメリカに住んでいる、そしてアメリカに住み続けたいと思っているからこそ、政治を良くしたいと思っている。

それに対して、日本人は、日本に住んでいることを当たり前に感じ過ぎている。選挙運動は、ごく一部の担い手によっておこなわれている。

どうすれば選挙にかかわってもらえる人を増やせるのか。

そして多くの人に政治を身近に感じてもらい、どうしたら投票する人を増やせるのかを帰国の機内で考えていた。

いまでも私は、選挙戦において、空中戦も大事だが、地上戦が確実に票を獲得できると考え、指南している。

空中戦とは情報戦のことだ。渡米当時は新聞記者に記事を書いてもらえるようにすることが重要であった。

しかし、いまではインターネット選挙運動が解禁され、候補者のみならず、誰もが情報をつくってSNSなどで、多くの人に投票を依頼することができる。

最近では、ネット選挙で無党派を獲得することを空中戦というが、私はあくまでも、集票活動の中心的役割を果たす活動家との情報共有を空中戦という。

空中戦を地上部隊への援護射撃とするやり方にこだわるのは、キャンペーン（組織的な運動）にインターネットが利用されていたアメリカの選挙を見てきたからにほかならない。

⑦目線を意識し、しっかり訴えを届けさせます。

⑧歩いている人の中で立ち止まってくれた人数を数えます。

第2章

選挙運動のすすめ

——勝利の法則

⑨地域の課題解決に
取り組みます。

⑩ビラを1人でも多くの人に渡します。

⑪個人演説会では総合プロデューサー役になります。

❶ 選挙運動とは何か？

1 代議士の誕生

私がこれから紹介することの先行研究とも言える書籍がある。アメリカのコロンビア大学教授で政治学者ジェラルド・カーチス氏という方の『代議士の誕生』（山岡清二訳、サイマル出版会、1971年）という本である。

カーチス氏は親日派として知られており、日本の選挙の現地に入り、地べたに近いところで、日本の選挙研究を本格的に手掛けられた。

この種の研究なり類書は少ないのだが、驚くことに私がこれから本書で述べようとする選挙に関するさまざまな側面、ポイントについて、じつにリアルに調査を踏まえて書かれているのだ。

代議士への関門として、党公認／農村の固定票／地盤／保守系浮動票／後援会／事前運動／利益組織／握手戦術／政治資金／選挙運動、など、一連の流れが押さえられている。

そして、本の最後には「選挙運動は、絶えず変化する日本政治の葛藤を映し出す鏡であるからこそ、研究する価値があり、人を魅了してやまないのである」と記されているのである。

2 ドブ板選挙

かつては、候補者が家を一軒一軒回り、有権者一人一人と握手していた。

候補者自らが、側溝（ドブ）をふさぐ板を渡り歩いていたので、〃ドブ板選挙〃と言われた。

「握った手の数しか票は出ない」

という言葉があるように、これまでの選挙戦では、候補者が歩き、有権者に直接会い、握手することが一番だと信じられていた。

その当時連続当選していた、**選挙が強い議員には、〝ドブ板選挙〟を可能にする、強固な後援組織があり、その後援組織には数多くの引きまわし役が存在していた。**

候補者が、有権者と握手をするためにドブ板をしていた時代の選挙戦での選挙カーでは、ただ立候補者の氏名が連呼されることが多く、立候補者がどのような人物で、

◆戸別訪問の禁止（公職選挙法第138条）

何人も、選挙に関し、投票を得若しくは得しめ又は得しめない目的をもって戸別訪問をすることができない。

戸別訪問の禁止について説明します。

誰であっても選挙での投票依頼を目的に計画的に連続して戸別に訪問することはできません。

家だけではなく会社、工場、事務所などに行って選挙での投票依頼をすることも戸別訪問になります。

「選挙での投票依頼を目的に」とは、「〇〇選挙に、△△さんが出ているので、投票してください」と言うことです。

「計画的に連続して」とは、「今日は1丁目を訪問しよう、明日は2丁目を訪問しよう、明後日は3丁目を訪問しよう」と、前もって立てた計画に従って連続して訪問することです。

「戸別に訪問することができません」とは、家宅に入らなくても、各戸を目当てに訪問すればたとえ留守であったり、面会を断られても戸別訪問になるということです。

戸別訪問が禁止されている理由は買収等の違法行為を誘発し、選挙の自由公正を害するおそれがあるからです。

どのような公約を訴えているかを直接知る機会が少ないまま、投票日を迎えるということが往々にしてあった。

それゆえ当選するためには、普段からあいさつ回りをしている方が有利とされていた。

また、経営者団体、労働団体、農民団体、婦人団体、消費者団体などが、その団体活動を通じて、構成員の意思を政治に反映させようと、特定の政党や政治家の支援もしてきた。政治家にとって支援団体は選挙を支援してくれるありがたい存在であったが、選挙での支援を通じて政策要望の実現を迫ってくる、圧力団体化してしまうということもあった。

いずれにしても、要望事項の実現を通じて、政治家は有権者と繋がってきた。しかしながら時代の流れとともに、後援組織や支援団体が一枚岩ではなくなり、弱体化してきてしまった。

そのために政治家自身が情報発信力を強化し、自前の後援組織をより強くして、自らの支援者やファンを増やさなければならなくなった。

政治家と後援組織幹部の努力の一方、昨今は、選挙の都度に投票先を自ら選ぶ有権者が増え、ますます選挙は難しさを増しているのである。

❷ 選挙プランナーの役割

1 選挙プランナーとは何者か?

10年以上も前の話で恐縮だが、選挙プランナーを名乗るようになって、選挙プランナーの仕事について、ある人に聞かれたことがあった。

私がいまやっている事例を話すと、

「それはコンサルタントか?」

と聞き返された。

そこで、私が

「コンサルタントの仕事はどんなものですか?」

と聞くと、

「旅館に行って、部屋の扉を開ける。そして、この衣紋掛《えもんか》けにプラスして、ハンガーも買い揃えましょう、と提案する人のこと。つまり、お客のニーズに合っていないことを指摘し、お客のニーズに合わせてあげることだ」

と、コンサルタントの仕事を教えてくれた。

それこそ、いまの人は、衣紋掛け自体を知らないかもしれないが、いわゆる着物用のハンガーで、その柄の部分はとても長く、着物を干すには都合が良いが洋服の上着を掛けておくには、とても不便なものであったのだ。それ以来、選挙プランナーの仕事を聞かれたときには、私は有権者に候補者の人となり、政治信条を届ける仕事だと答えている。

選挙プランナーに仕事の依頼がくるのは、接戦が予想される選挙のときである。私は、選挙区の情勢を知るために世論調査をし、その分析結果を持って選挙区に行く。選挙区に入ったら過去の選挙結果を調べ、ライバル候補について選挙対策チームと後援組織の幹部とミーティングをして、選挙のすすめ方について検討する。ミーティングの目的は、勝ちパターンの共有だ。

野澤流選挙術勝ちパターンは次のようになる。

衆議院議員選挙と参議院議員選挙の選挙区の公認候補者の場合は、

●まず、党員集会を企画して自党支持者の離反者を少なくする
●次に、党員、後援組織を動かし、まだ投票する候補者を決めていない有権者に投票を依頼する
●そして、他党支持者をも取り込む

参議院議員通常選挙で全国比例の公認候補者の場合は、

●まず、党員を集める

●さらに、党員、後援組織を動かし、まだ投票する候補者を決めていない有権者に投票を依頼する

また、地方選挙の一般（議員）選挙の候補者の場合は、

●公認候補者が複数いる選挙区の候補者なら、後援組織を動かし、まだ投票する候補者を決めていない有権者に投票を依頼する
●公認候補者が一人の選挙区の候補者なら、党員を集め、さらに後援組織を動かし、まだ投票する候補者を決めていない有権者に投票を依頼する

投票する人を決めていない有権者は、候補者と縁が薄いか、無党派を自認している人が多い。

時事通信が2023年5月12〜15日に実施した世論調査の政党支持率は次の通りだ（2000サンプル、面談方式）。

●自民党	24・4%
●日本維新の会	5・9%
●立憲民主党	4・2%
●公明党	3・9%
●共産党	1・4%
●国民民主党	0・7%
●れいわ新選組	0・7%
●参政党	0・5%
●社民党	0・3%
●政治家女子48党	0・1%
●支持政党なし	54・8%

現在、支持政党を持たない無党派自認が5割いる。支持政党を持たない人は少しずつ増えている。選挙の種類が何であれ、無党派に支持されなければ候補者は当選できない。

無党派の意見は世の中の状況によって二つに大別することができる。

- ●喫緊の課題解決を優先すべき
- ●未来志向の政策を優先すべき

無党派は社会情勢を見極めながら投票先を選択する。無党派の意見がどこにあるのかを聞くには世論調査が有用である。

首長選挙は無所属同士の争いになることが多いので、政党支持率より構図が重要になる。立候補者が2人の場合の構図は次の三つになる。

イ．市政運営の継続をめざす現職候補者vs現職の市政運営に反対の新人候補者

ロ．現職の後継者で市政運営を継続する新人候補者vs現職の市政運営に反対の新人候補者

ハ．現職の後継者がいない、それぞれが異なった市政運営をめざす新人候補者同士の争い

首長選挙では、継続的な県政、市政の運営をめざす候補者と、税金の使い道を変えたい候補者の争いになることが多い。有権者は両候補者の意見に対して、「賛成する」または「反対する」で投票先を選ぶことになる。しかしながら、有権者の中には、「どちらともいえない」、または「わからない」という人もいる。候補者は勝って、自分の意見を実現するためには、「どちらともいえない」、「わからない」、「まだ投票する候補者を決めていない」人を獲得しなければ当選できない。

選挙とは、有権者に投票用紙に名前を書いてもらうものだ。だからこそ、私は普段から「何票」という言い方はしない。「投票してもらえる有権者は何人」という言い方をする。名前を書いてくれる人とは、普段から名前で呼び合うべきだ。国政選挙であれ、地方選挙であれ、後援組織を持っている政治家は選挙が強い。ネット選挙が定着しても変わらず後援組織の人の投票率は高い。なぜ高い投票率を維持できているの

かと言えば、それは普段から名前で呼び合い、政治の話ができる仲だからだ。

選挙対策チームに選挙プランナーが入ることで、成功体験が見直され、最近の当選者の勝ち方を知ることができる。有権者に候補者の情報や政治信条や訴えなどを伝えるツールが、有権者に合ったやり方になる。候補者や選挙対策チームがやりたいことに、単にできないと言うのではなく、どのようにすれば合法的になるか、そしてより有権者に伝わりやすくするにはどうしたら良いかをアドバイスするのが選挙プランナーだ。候補者の思いや訴えを多くの有権者に届けるのだ。

しかし選挙プランナーが候補者を勝たせるわけではない。有権者が勝たせたい候補者の名前を書くことで勝たせるのだ。選挙プランナーは、候補者に依頼されて選挙戦に参加するが、じつは、明日を良くしたいと思う有権者の味方なのである。

ここで野澤流選挙術について説明する。野澤流選挙術は世論調査の結果分析から選挙プランを作成する。

世論調査をすることで、

●男性と女性の支持度合い
●世代別の支持度合い
●政党別の支持度合い

を測ることができる。候補者の浸透度がわかれば最善の策がつくれる。強いところを伸ばしながら弱みを小さくする。さらに電話調査なら

●地域別の支持度合い

も測ることができる。地域別の支持度合が分かることで重点地域が決められる。大衆迎合的なやり方ではない。候補者と有権者との間の選挙対策チームや後援組織の幹部が重点地域に集中して活動することで候補者を勝たせるのだ。

選挙運動を重点地域に集中させ、有権者に候補者はあなたの味方ですよとわかってもらうやり方が野澤流選挙術だ。

選挙プランナーには、大きく分けて二つの役割があると思っている。

1　効率的な選挙のやり方を教える

段取り良く選挙運動ができるようにすることである。

2　効果的な選挙のやり方を一緒に考える

選挙の種類や選挙区の事情や様子に合わせた選挙運動ができるようにすることである。

読者の方の多くは、選挙プランナーと聞くと、当選できるように候補者をクールに演出する人のイメージをお持ちであると思う。

確かにテレビドラマに出てくる選挙プランナーはそうだ。

候補者をクールに演出することも重要だが、もっと大切なことがある。それは違反者を出さないことだ。

テレビドラマの選挙プランナーも、公職選挙法を遵守して当選を指南していること

に変わりはない。

2 公職選挙法と改正の歴史

公職選挙法の第一条は、

「この法律は、日本国憲法の精神に則り、衆議院議員、参議院議員並びに地方公共団体の議会の議員及び長を公選する選挙制度を確立し、その選挙が選挙人の自由に表明せる意思によつて公明且つ適正に行われることを確保し、もつて民主政治の健全な発達を期することを目的とする」

となっている。

特に、選挙運動に関しては、次のような決まりがある。

①選挙運動ができる期間は、告示（公示）日から投票日前日まで。

②選挙運動とは、特定の選挙について、特定の候補者の当選をはかること、または当選させないことを目的に投票行為をすすめることをいう。
③特定の公務員、未成年者などは、選挙運動ができない。また、一般の公務員でも一定の要件のもとでは選挙運動が制限されている。
④公務員は、その地位を利用して選挙運動をすることはもちろん、選挙運動類似行為もできない。
⑤気勢を張る行為は禁止されている。
⑥選挙運動に関し、飲食物の提供は禁止されている。
⑦選挙事務所における弁当の支給は、法律等の範囲内で行わなければならない。
⑧文書図画による選挙運動は、大変細かく規制されている。

このように、選挙運動はさまざまな規則が設けられており、広い意味では政治活動の一部なのだが、明確に選挙運動が区別されているのである。

選挙プランナーの役割は、こうした細かな公職選挙法のいずれにも違反がないツールをつくり、トークを磨いて、立候補者、選挙スタッフが全力で選挙戦に臨めるよう

にすることにある。

公職選挙法は、これまで何回となく改正されてきた。巻末にはその改正一覧を載せたので興味のある方は参照されたい。

簡単に、平成元年（１９８９）以降の改正を理由別に見ると、①不平等の解消のためのもの、②政治の公正性の確保・金権政治の打破のためのもの、③投票率の改善のためのもの、④政策本位の選挙の実現を含めた選挙運動に関するもの、⑤その他に分けることができる。

①不平等の解消としては一番多いのは一票の格差を是正するための、選挙区の改定や定数是正関連の改正である。

その他の不平等解消としては、海外に居住しているため投票ができない人を救済するための在外投票制度や洋上投票制度等に関する改正がある。

②政治の公正性の確保・金権政治打破に向けての改正としては、候補者等の寄付の禁止の強化、連座制の導入等がある。

③投票率の改善のための改正としては、投票時間の延長、不在者投票、期日前投票制度等に関する改正がある。

④政策本位の選挙の実現を含めた選挙運動方法の改正としては、ビラやポスター等に関する改正、インターネット選挙運動の解禁等がある。

⑤その他として他の法律の改正を受けての改正もあり、大きなものとしては、民法の成人年齢引き下げを受けての、18歳からの選挙運動解禁などがある。

このように、**公職選挙法は、より公正な選挙を目指し、適時改正している。**それ自体はもちろん好ましいことなのだが、ただ、候補者や選挙対策チームにしてみれば、使いこなす以前に理解するのも大変というのが実情である。

3 公職選挙法を使って勝つ！

では、具体的な公職選挙法の使い方についてみていこう。

公職選挙法では、選挙の公正、候補者間の平等を確保するため、文書図画による選挙運動について一定の規制がある。

衆議院小選挙区、参議院選挙区、知事選挙の候補者にはポスター掲示板が立つので、選挙運動用ポスターを、掲示場に貼付することができる。

衆議院比例代表と参議院比例代表は、ポスター掲示板は立てられないので、自ら、街頭などに掲示する場所を確保しなければならない。

上記以外の市町村長選挙や地方議員選挙でも、それぞれにポスター掲示枚数が決められているが、ポスター掲示板が立ったら掲示場以外の場所に掲示することはできない。

じつは、個人の選挙運動用ポスターには種類の規定はないので、選挙期間中に新しいポスターに貼り替えることが可能。

貼り替えないまでも、シールを重ねて貼ることも可能なのだ。

選挙運動用ビラは、サイズも種類も決まっている。選挙運動用ハガキは、サイズは定形郵便サイズと決められているものの種類については規定されていないので、状況に応じて数種類つくる。

●候補者の友人向け
●支援者向け
●支援者の友人・知人用（追加リスト分）向け

と、送る相手に合わせて、デザインを変えるのだ。

おかげさまで、私はこれまでに多くの候補者を指南させていただき、幸い当選者を出すことができた。それは、選挙現場の経験から、遵法精神で選挙すること、正しく選挙することが当選への道だと知っていたからに他ならない。

公職選挙法を使いこなすことが、当選へと繋がっていくのである。

選挙戦は、候補者一人では限界がある。

多くの支援者や候補者の友人が集まって選挙対策チームを組み、選挙運動をおこなう。候補者が新人の場合には、親族や竹馬の友などにお手伝いをお願いすることもあり、時として素人集団になってしまうことがある。公職選挙法は、読んでもよくわからない、という人が多い。だからこそ選挙スタッフにとって、選挙プランナーの存在は、違反にならないツールとトークをつくってくれるという安心感を与え、思いっきり選挙運動ができる源泉になるのだ。

私は選挙スタッフには、楽しく選挙戦に参加してほしいと願っている。そして、選挙戦をご縁に仲間を増やしてほしいのだ。

4 選挙プランづくりのコツ

彼を知り己を知れば、百戦して殆《あや》うからず。彼を知らずして己を知れば、一勝一負す。彼を知らず己を知らざれば、戦うごとに必ず殆うし

（孫子の兵法）

選挙プランづくりは現状把握が肝心である。

私は選挙プランづくりに取り掛かる前に、まず選挙区のデータ収集作業からはじめ

る。

有権者はどんな暮らしぶりなのか、ライバル候補はどんな特徴があるのか。選挙対策チームはどんな特徴をもっている人がいるのか。

そして政治課題を分析し、対立軸をつくる。

具体的に調べる項目を並べると次のようになる。

①人口（男・女）
②世帯数
③転居（転出・転入）
④夜間人口
⑤昼間流出人口
⑥平均世帯所得
⑦大学・大学院卒人口割合
⑧私立中学校進学率
⑨町会（自治会）数

⑩水系（川・流域）
⑪新聞購読者数
⑫駅の乗降客数
⑬投票所数

これに、最低、過去3回分の有権者数、投票結果と投票率、開票結果と支持率を一覧表にする。

私は、初めて選挙区に入ったときは、まず神社に行き手を合わせる。その後、投票所になるところを見てまわる。選挙区を知るために、投票所を見てまわるにはタクシーを利用する。タクシー運転手の話がおもしろいからだ。タクシーを乗り換えて市境にまで行き広さも確認する。

そして役所に行って都市計画道路図をもらう。地方に行くと役所が一番高い建物の場合が多いので最上階に行って眺めを楽しむ。

B級グルメはかならず食べる。B級グルメでその土地の風習がわかるし、特産品が詰まっている。市民の台所である市場も散歩する。

公園に行きお母さんに話しかけることもするし、床屋さんに行ったり銭湯に行ったりして政治談議することもある。

お寿司屋さんの大将も政治好きな人が多い。古くからやっているスナックやバーのママさんやマスターの話はとてもプランづくりの参考になるものだ。

選挙とは合意形成の結果だ。選挙に勝つには合意形成をつくることだ。

私は、選挙プランは次の5つを起点に連携させながら考える。

1、当選ラインの設定

2、政策・公約の打ち出し

3、イメージ戦略

4、外観管理

5、調査結果によるターゲティングの設定

である。5つの連携から、合意形成にアプローチする。

スケジュールと役割分担は次頁の活動プラン（雛型）を見てほしい。

私は、選挙区を調べ、有権者と会い、陣営の組織力を高めて、活動プランを立てる。そして候補者と相談しながら、やること、やらないことを、決めていく。

そうして選挙が終われば、また神社に行き手を合わせて、次の現場に行く。

これまで、ほとんど当選のバンザイには参加していない。

その理由は、**選挙は投票される人と投票する人のもの**だからである。

合意形成への連携

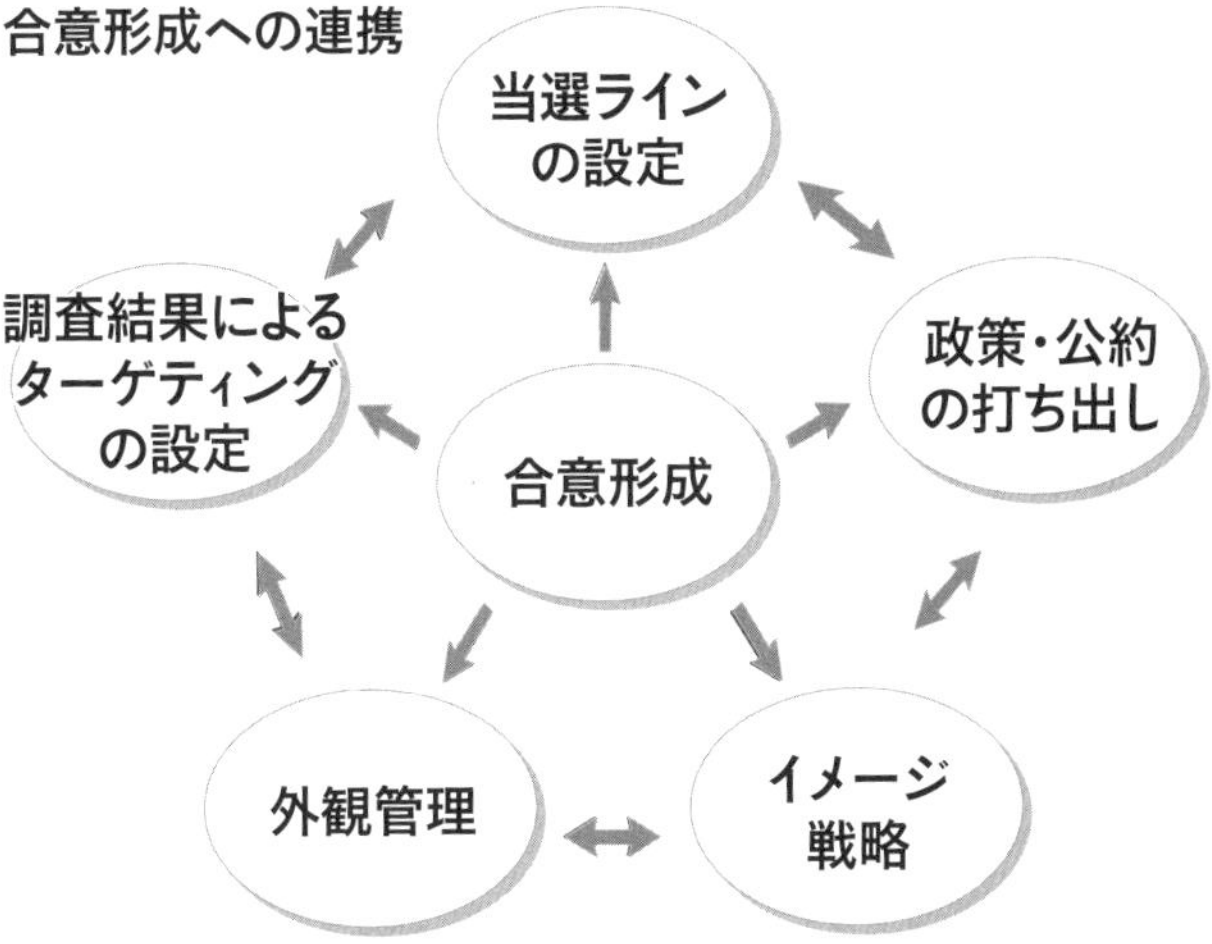

	公示日 告示日	選挙運動期間			投票日	開票日
拡大選対会議 事務所開き 出陣式案内 **設営電脳会議**	必勝祈願 ←……… 出陣式	**設置集計センター**	**電話作戦まごころ**	………→		
直前調査	**選挙戦スタート**	**期日前投票**	**情勢調査**	**出口調査**		**当選！**
政策 フォーラム 語ろう会 **総決起大会**	**第一声街頭演説**	**個人演説会** **街頭演説**	**個人演説会** **街頭演説**	**街頭演説** **マイク納め式**		

会開催 ⇒ 拡大のお願い、拡大世話人会開催、○○地区後援会設立 ⇒ 役員（世話人）幹事決定 ⇒ ○○地区後援会を随時拡大

■電脳チーム

■ホームページ作成・更新

■党本部・議員班

党本部すり合わせ
支援議員団すり合わせ
党広報車運行管理
来援者・弁士応対

■名簿管理班

後援会名簿、各団体名簿、党・友党、各団体etc.

■ウグイス練習（原稿作成）

■集計センター・電話作戦

■演説会設営チーム

出陣式、第一声、
個人演説会（会場設営）、
街頭演説、マイク納め式
道路使用許可書等作成

■選挙事務・作業班

届出書類、ポスター掲示、看板取付

■遊説チーム

選挙カー運行・運行表、ウグイス嬢、ドライバー

■総務・接遇班

	活動プラン支援	政治（後援会）活動期間		
予定	**写真撮影** 後援会活動開始 リーフレット 入会申込書 配布開始	推薦状 取りまとめ 入会カード 整理開始 **ホームページ作成**	選挙対策会議 世話人会 女性の会 若手経営者の会 **広報電脳会議**	
調査	**瀬踏み調査　定点調査①**	**定点調査②**	**スポット調査地区別の**	**定点調査③**
集会等	駅・街頭あいさつ 町工場の見学 保育所、幼稚園へあいさつ	街角ふれあいトーク スーパーマーケットの駐車場前あいさつ	車座集会 お茶会集会 バス旅行 映画会・音楽会 **決起集会**	

■地域班　選挙区地区割決定、各地区後援会づくり開始、後援会会員紹介人へのお願い、地区有力者への訪問＆お願い、地区世話人

■協力・推薦団体班
企業・業界へのアプローチ
農協、土木・建築・電気・設備、石油商連、私立保育所、医師会、歯科医師会、職域後援会の拡充、体育協会系、文化系、茶道系、宗教関係、介護、社会福祉、老人福祉、自治会、個人グループ（有志）後援会、同級生、同好会、婦人部・青年部を設立、エプロン部隊、車両部隊、ポスティング部隊

■情勢分析室

■総合企画・日程管理
本人、夫人、身内のスケジュール管理とサポート

■文書班
リーフレット、入会申込書、本人名刺、推薦状、推薦依頼状、礼状、各種集会・会議ご案内状、政策集、ハガキ、出陣式案内、選挙広報、ポスター、ビラ、活動報告、後援会便り、政党機関紙号外

■広報チーム

■デザイン管理、外観管理

③勝利の法則——野澤流逆算の公式

1 選挙で使う一般的な公式

ここからは、私が選挙プランを作成するときに使う公式を首長選を例に紹介したい。得票計画づくりをするためには、何をどうしなければならないのか、どうなっていれば良いのかという、逆算の思考の考え方である。

公式(1)　投票総数＝有権者数×投票率

選挙当日の有権者数は3か月前に確定する固定値なので、投票率を変動させ、投票総数を計画するときに使う。

人口5万人、有権者率80％、つまり有権者数4万人のY市で、市長選挙の投票率を

50％と予測するなら2万票が投票総数となる。
2000＝40000×50％
以降、投票所数12か所のこのY市において、県議会議員のBさんが、現職の市長Aさんの再選を阻止するために出馬するというケースを前提に解説する。Bさんの得票目標は1万1200票とする。

公式(2)　得票＝支援者数×支持率

Bさんには、長年の県議会議員の活動を通じて、多くの支援者がいる。

支援者とは、車座集会や語らう会、お楽しみイベントなどの案内に対し、期日までに出欠を連絡してくれる人である。

支援者は連絡を取り合える人なので、支持者（投票してくれる人）の見込みと考える。

本公式は選挙期間中の選挙運動で支持率をつくり、得票数を計画するときに使う。

支持率とは、投票してくれた人の割合である。

支援者が、投票することで支持者になるという考え方だ。

選挙戦がはじまれば、期日前投票を電話やSNSでお願いできる人が支援者にあたる。

支援者総数が1万1200人、支持率100%で1万1200票が計画できる。

11200＝11200×100%

支援者が1万4000人いたとするならば、支持率が80%で、1万1200票を獲得できる。

11200＝14000×80%

支援者を定義することで、支持者を算定し、票を数えることができる。

定義した支援者数で目標に届くかを計算するのだ。

選挙本番前には、支援者の連絡先の確認作業が不可欠だ。

私は選挙が終わったあとのことではあるが、政治活動を通じて、次の選挙までに連絡先のメンテナンスをする。支援者の維持と見込み支援者の獲得に、後援会は有効である。第4章であらためて後援会を紹介する。

公式(3)　得票＝自党支持者×支持獲得率＋他党支持者×支持獲得率＋無党派×支持獲得率

自党とは公認・推薦政党のことである。

Bさんは、所属する政党から推薦を取りつけた。情勢調査をおこない、その結果から政党支持率と候補者支持率を付加（クロス）集計し、現時点の得票見込みを計算した上で、不足分の得票数を計画するときに本公式を使う。

支持獲得率とは投票してくれる人の割合である。

支持政党を持たない人は無党派だ。本事例のケース（有権者数4万人、投票率50％、投票総数2万人）で、政党支持率の割合が自党支持者40％（8000票）、他党支持者30％（6000票）、無党派30％（6000票）の場合、自党支持者の80％を固め（6400票）、他党支持者の20％（1200票）と無党派の60％（3600票）を獲得することで、合計1万1200票を得ることを計画する。

11200＝（8000×80％）＋（6000×20％）＋（6000×60％）

公式⑷　得票＝（自党支持者数－離反者数）＋他党支持者獲得数＋無党派層支持者獲得数

所属する政党から推薦がもらえず、党内で支持する候補者が分かれた場合に、この公式を使う。

自党支持者8000人の内2割の1600人は離反者数とみなして票を見込まない。他党支持者1200票と無党派の3600票の合計4800票を獲得し、自党支持者6400票とあわせ合計1万1200票を得ることを計画する。

11200＝（8000－1600）＋1200＋3600

公式⑸　得票＝イ地区＋ロ地区＋ハ地区……

Bさんの支援組織は市内全域に広がっている。

本公式は、得票を、地域ごとの選挙対策チームの運動合計で、計画するときに使う。職域ごとに選挙対策チームをつくるときも、同様の公式だ。

Bさんと縁が深い地元地域で5000票を固め、相手候補者Aさんの地元地域から2000票を奪い、どちらにも縁が浅い草刈場地域から4200票を獲得し、合計1万1200票を計画する。

11200＝5000＋2000＋4200

公式⑹　得票＝支援者数＋18〜22歳の支持者獲得票

Bさんには、現在1万人の支援者がいる。

目標の1万1200票に対する不足分をこの4年間で選挙権を得てはじめて市長選挙に投票する人から計算し、計画するときに本公式を使う。

2400名の有権者が、この4年間で選挙権を得て増えた。後に述べる地上戦（点検作業＋支援の輪を広げる。94頁参照）を駆使して、前回選挙では有権者ではなかった人の5割の支持を獲得することで1200票を獲得し、既存支援者1万票に上乗せして、合計1万1200票を獲得することを計画する。
11200＝10000＋（2400×50％）

公式⑺　得票＝候補者友人票＋地元推薦票＋推薦団体票＋政策共感票

得票を、Bさんの身近な人から票固めする方針で計画するときに使う。
友人で500票、地元で5000票、推薦団体で2200票、政策共感票3500票の合計1万1200票を獲得することを計画する。
11200＝500＋5000＋2200＋3500
政策共感票は対立軸をつくり、支持者を見つけることで獲得できる。

2 勝つための野澤流逆算の公式

さてここからが私が解き明かす、勝つための野澤流逆算の公式となる。

公式⑻　得票＝活動家数×グループ人数×支持率

ここでの活動家とは家族や友人などを紹介してくれた人である。支援者が家族・友人など他人を仲間に引き入れてくれた場合に、その支援者を特に活動家と呼ぶのである。活動家は自ら積極的に候補者を宣伝してくれるため、集票活動の中心的役割を担う存在になる。

候補者が有する支援者名簿と、活動家が独自に有する連絡網（お友達リスト）を突き合わせ、支援者名簿に入っている人といない人の両方に声をかけられる人が活動家になる。これを私は点検作業と呼んでいる。声をかけあう仕組みをつくることで全体の得票を計画するのだ。活動家は、あくまでもボランティアである。

ちなみに、私は選挙運動を支えてくれる人はサポーターと呼び、活動家とは区別している。サポーターは、後援会、支援組織の一部を構成している。

支持率は100％とし、支援者1万1200人のうち、2800人が自分の身近な方3人と4人グループをつくる。

2800人の活動家のもと計8400人と連絡がとれるようにすることで、合計1

万１１２００票を計画する。

１１２００＝４×２８００

４人グループは平均値ではなく上限とすることがポイントだ。

支援者を活動家にするためのコツは、誰もが同じくできることを多くの支援者にお願いすることだ。活動家というと革命家のイメージを持たれる読者もいらっしゃるかと思うが、ここでいう活動家は身近な人に声を掛け合ってくれる方のことだ。

この仕組みは、支援者が支援者名簿を見ることができないと成立しない。

１万１２００票を計画するのに、２２４０人を起点に自身を入れて５人グループをつくるやり方もあるが、私は、２８００人を起点に自身を入れて４人グループをつくるやり方をすすめている。

公式⑼　得票＝地上戦（点検作業＋支援の輪を広げる）↑空中戦（情報）

公式⑻を、この公式で計画づくりするときもある。

支援の輪を広げるとは、投票依頼をした人にも連絡網（お友達リスト）をつくってもらい、お友達のお友達に投票依頼をお願いすることである。選挙期間中送れるハガキの枚数、頒布できるビラの枚数は公職選挙法で決まっているのであとから増やすことができない。

ここでいう空中戦とはマスコミを使ってハガキが届かないお友達、ビラがもらえないお友達のお友達に候補者情報を直接提供することであり、さらに、SNSで事務連絡や内部資料の共有などをおこなうことである。SNSは期日前投票所の案内とか、街頭演説や個人演説会の会場や開始時刻、前日の活動報告など、タイムリーな情報を扱う場合に効果的だ。

活動家の家族や友人の連絡網の人がかならず支持者になるとは限らない。連絡網内を支持率100％にするためには、家族や友人達の友人や家族に声をかけることをお願いすることだ。

常套句は、

「友人や家族の方にお声がけ願います」

である。昨日会った人、今日会う人、明日会う人に、声をかけてもらい、支援の輪

をさらに広げてもらうことだ。２回目、３回目は、

「あと一人お声がけ願います」

となる。あらためて、昨日会った人、今日会う人、明日会う人に、投票を依頼するのだ。

１１２００＝２８００＋（２８００×３）

3 野澤流選挙運動のすすめ

選挙で使う野澤流の公式は、伝統的な選挙手法で、新しいものではない。

しかしながら、**適切な計画策定と、弛《たゆ》まぬ点検作業をおこなうことが野澤流の強み**である。

なお適切な計画の策定・実行は個々人の属性に合わせておこなわなければならない。開票結果が計画と合わないとなった場合、原因を探ってみると、たとえば、支援者個々人の事情を考慮せずに、皆に同数のリストアップをお願いして計画づくりをしていたケースがあった。

また、選挙期間中に連絡の取りきれない数のリストアップをしている場合もあった。選挙期間はそれぞれ、参議院議員選挙・知事選挙は17日間、政令指定都市の市長選挙14日間、衆議院議員選挙12日間、都道府県議会議員選挙・政令指定都市の議会議員選挙9日間、一般市の市長選挙・一般市の市議会議員選挙は7日間、町村長選挙・町村議会議員選挙5日間だ。

野澤流では、連絡網の連絡役が、選挙期間中に確実に連絡が取り合える人数までにリストの数を抑えなければならない。

もし、超える場合には分割して、新たな連絡網を構築すべきだ。

表計算ソフトを使って支援者名簿を列で管理するときはコツがある。

私は、表計算ソフトで管理するときは、支援者を番号で管理する。その番号は、親(幹)番と子(枝)番を組み合わせていく方法である。

市販の後援会管理ソフトを使うのも一考である。そのときは紹介者を入力しないと追加の名簿登録ができないものをおすすめする。

インターネット選挙運動の解禁により、選挙期間中に選挙運動用メールを一斉に送信できるようになった。最近ではＳＮＳのグループ送信機能がよく使われている。

一度に情報を送る場合には、フォローアップする体制が必要である。

選挙本番時の、選挙運動期間に支援者同士の連絡をしやすくするのが、後援会幹部、選挙対策チーム幹部、連絡網のフォローアップを担当する世話人の役割である。

その結果、世話人を通じて、選挙期間中に支持者票の数が数えられるようになるわけである。第４章であらためて世話人を紹介する。

有権者に、オバケはいない。

事前に選挙人名簿を閲覧すれば有権者のお名前がわかり、現住所もわかる。しかしながら、閲覧すればわかることではあるが、私は、改めて本人からお名前を教えていただくことを重視している。

野澤流選挙術とは、支援者を核にした活動家づくりで支援の輪を広げ、組織を点検することで、支持者をつくっていくやり方である。

計画づくりの前提となるものは、環境調査と戦力分析である。

支持者を増やすには公約と運動体の組織化が不可欠である。

私は、進捗管理と、情勢把握に電話調査を使う。

選挙運動とは、候補者の当選をはかることを目的に、投票行為をすすめて支持率をつくることだ。

すべての候補者の支持率の集合体が投票率である。

支持率は衆知の結晶である。

投票所に来てもらい、投票してもらわなければ支持率はつくれない。

選挙戦で、支持率がつくれる場所は投票所のみである。

投票してもらう、ではなく、投票所に来てもらうためには、という逆算の思考の考え方が重要だ。

投票所に来てもらうためにはどうしたらよいのか、そして投票用紙に自分の名前を書いてもらえる支持者になってもらうにはどうしたらよいのか。

あえて2段階に分けて考える。

公式も投票率と支持率に分解した。

投票日当日は、投票所入場券に書いてある投票所でしか投票はできない。期日前投票所は、かならず1箇所以上設けられ、住所・氏名の確認ができたら投票所入場券を持っていなくても投票することができる。

複数箇所設置された場合には、どこの期日前投票所でも投票することができる。

こう言っては失礼だが、支援者の「応援しています」は一票ではない。「頑張ってください」も一票ではない、と思っている。

選挙期間中に数えられる一票とは、投票所に行って、「期日前投票してきたよ」の一言だけである。

第3章

マーケティングのすすめ

⑫応援弁士が多いときは弁士の話が繋がるようにしています。

⑬スマホはネット選挙の武器です。

⑭当選させたい候補者のSNSを拡散しよう。

① 世論調査とオートコール調査

1 投票先決定のモチベーション

選挙に勝つには、住んでいる人のことをよく知らなければならない。

時代環境で、有権者の意見が変化する。

住んでいる人のことを知らなければ良い政治はできない。

良い政治とは、政策実現力を指している。

政治家の理念が、住んでいる人の賛同を得て、地域社会が良くなる。

候補者を商品に見立て、有権者に届けると仮定したら、マスマーケティングにしろ、ワンツーワンマーケティングにしろ、**ターゲットを明確にし、候補者をブランディン**

グしなければならない。

情勢調査でポジショニングををおこない、差別化を図る。

有権者に対立軸を提示し、公約としてまとめる。

野澤流選挙術は不特定多数に向けたやり方ではない。逆算の思考でおこなう。対象をリサーチし、ターゲットを定め、マーケティングを駆使して、候補者の人物、政策をターゲットに届ける。そしてターゲット一人ひとりに対して着実に白星を重ねていく、星取りのようなものだ。

私が考えるに、有権者が投票先を決定する際のモチベーションには、四つのフェーズがある。

第一フェーズは「共感」する。

第二フェーズは「頼まれる」。

第三フェーズは「流される」。

第四フェーズは「競合」である。

第一フェーズの「共感」は、何に対して共感するかで、さらに三つに分けることができる。

●一つ目の「共感」は、人柄や学歴・経歴など、候補者の人物像への共感。
●二つ目の「共感」は、政策や政治信条など、候補者の発する情報への共感。
●三つ目の「共感」は、公認や推薦する政党、候補者の所属する政党の政策などへの共感。

「共感」で投票する人は、ビラやホームページ、SNSを見て、支持しようと決めてくれる方々だが、「以前に移動中の席が隣になった縁で」とか、「雨の中、一生懸命に演説している姿を見て」支持をしてくれる方も少なくない。

第二フェーズの「頼まれる」には、三つの頼まれ方がある。

●一つ目の「頼まれる」は、所属する会やサークルなどの個人的な縁のつながりで頼まれる。
●二つ目の「頼まれる」は、職場の仲間から頼まれる。
●三つ目の「頼まれる」は、政治家の後援会や、支援団体に入っている方から頼まれる。

「頼まれる」は、社交的な方が、仕事を通じて頼まれるというケースが多い。「頼まれる」とは、頼まなければ逃げてしまう一票だ。

第三フェーズの「流される」には、二つの「流される」がある。

●一つ目の「流される」は、新聞やテレビなど報道の論調やコメンテーターの意見で流される。
●二つ目の「流される」は、ＳＮＳを読んで流される。

流されるのは、自分の一票を無駄にしたくない、勝ち馬に乗りたいと考え、優勢な方に一票を投じたい人が多くなったからだ。それは、時に強力な追い風や逆風になる。

第四フェーズの「競合」は、一つ。

「競合」は、反発である。

反発は、批判票になる。

批判票は「1回、やらせてみよう」、「よく知らないけど、（票を）入れる」に繋がる。

市議会議員選挙のような大選挙区では、批判票が当落に与えるインパクトは小さいが、首長選挙や当選者が1名の選挙では批判票が当落に与えるインパクトは大きくなる。

普段から政党を支持している人はもちろん、支持する政党を持たない人にも、政治、政治家に対する何らかの思いはある。いらぬ反発を受けないようにすることは当たり前だが、対立候補への反発の風に上手く乗らなければならない。

選挙戦には、かならず風向きがある。

風向きが変わるときを見極められるかが大事だ。風向きは潮目とも言ったりする。

いずれにしても、投票先を決定する際には、この4つのモチベーションのいずれかが影響する。

国政選挙や首長選挙でどちらが勝つかわからない選挙戦（盛り上がる選挙）は、往々にして、公認候補者なのに政党支持層で離反者が多いときか、政党にとらわれず投票する人が多いときとなる。

それは言い換えれば、政党の岩盤支持層の票読みでは、情報不足ということだ。

その情報を補うために、最近は、選挙区情勢調査や有権者意識調査などの選挙調査が盛んにおこなわれるようになった。

❷情勢把握の必要性

候補者は有権者に選んでもらわないと選挙に勝てない。


つまり、有権者に候補者を選んでもらおうと思えば有権者の意見を知る必要がある。

選挙戦を計画するのに、有権者の意見がどこにあるのかをまずは知る必要がある。

いま、選挙にもマーケティングの発想が求められている。

選挙戦をコントロールするには、情勢を把握するのが不可欠だ。

国政選挙は、テレビの登場でその様相が大きく変化した。いまではネットの情報も加わり、浮動層や、無党派の存在が大きくなった。

政治家を商品のように売り込むには、PRという概念が必要である。

情報に翻弄される政治家は苦労が絶えない。

有権者は、なんとなく

●若い方を選ぶ
●かっこいい方を選ぶ
●話す姿を見て決めたい
●服のセンスは重要だ
●やっぱり、女性が良い

などなど、そのときどきで選ぶための判断基準はバラバラだ。

わかりやすく対立軸を用意し、選択肢を少なくすることができれば、選挙戦を優勢にすすめられる。ここでも逆算の思考が大切となる。

●賛成／反対

の、2択の選択肢にするのが良い。

選挙対策チームが考えることは、

●候補者の名前を覚えてもらう

●候補者の政治理念を世に出す

ことだが、短期間で、両方を浸透させるには、プランが必要となる。プランづくりの前提となるのは、世論調査による浸透度調査だ。

世論調査で、何を、どう聞くか、そしてどう答えてもらうかがとても重要になる。

３ 世論調査の意義

そもそも世論調査をするとはどういうことか。選挙をおこなうには手間もお金もかかるゆえ、政府が政策の浸透度を知るときにやるものが世論調査である。

世論調査とは、民主主義を培う科学的手法であり社会のためになる仕事であると、私は考えている。日本では内閣支持率調査や政党支持率調査などを、ＮＨＫや大手新聞社が担当することで一般の人にも知られ定着した。

公益財団法人日本世論調査協会の倫理要項に次のように書いてある。

「世論調査や市場調査は社会の成員が自由に選択し表明する意見や判断、事実等を科学的に調査し、その総和を社会の実態として把握するための方法である。

したがって調査の主体者は、調査結果の持つ社会的影響の重大さを痛感するとともに、常に高邁な倫理観をもって事に当たらなくてはならない」

世論調査は、社会の財産である。

世論調査の結果で歴史を振り返ることができるのだ。

ところで、新聞社やテレビ局の報道を見て、同じ時期の内閣支持率なのに、それぞれで数字が違っているのはなぜ？　と思ったことはないだろうか。

じつは、内閣支持率を、

「支持しますか」／「支持しませんか」

の2択で聞いているところと、

「関心がないですか」

を加えて3択で聞いているところがあるのだ。また「関心がない」の回答者に対し、

「どちらかといえば支持しますか」／「どちらかといえば支持しませんか」

と重ね聞きするところもある。さらに、統計学的手法を用いて、民意に近づけるよ

うにしている。

選挙報道の際には、トレンド調査がおこなわれていて、記者の取材と調査結果から、「接戦」／「一歩も譲らぬ展開」／「ややリード」／「政権批判票が割れる」／「わずかな差で続く」などの見出しになっているのだ。

調査結果が異なるのは、このようにそもそも使う調査票に違いがあるからである。何社もの結果を見比べて比較し違いを見つけるのも良いとは思うが、前回より上昇した、下落した、という**定点観測の視点を持つことが重要である。**

4 オートコール調査の優位性と限界

私は現在、日本世論調査協会の個人会員である。そして、日本政治学会と日本選挙学会にも属している。以前は、日本ダイレクトマーケティング学会と日本行動計量学会にも属していた。

日本行動計量学会では、2011年9月12日岡山理科大学で開催された第39回大会の調査環境の現状と実践的対応方法のセッションにて、「オートコール調査の方法と特性」を発表した。オートコール調査というものを知らない読者の方もいると思うので、少し説明したい。

オートコール調査とは、電話アンケート調査の一つの手法で、調査対象者にIVR（音声自動応答装置）で回答してもらう。いわゆる**無人応答システム**である。

私は、オートコール調査において、内閣の支持率調査を6か月おこない、その調査結果とオペレーター調査による内閣の支持率の結果を比較した。

その結果から、**オートコール調査のアンケート結果とオペレーター調査のアンケート結果には乖離が少ない**ことを明らかにした。

無人システムのIVRでも、熟練のオペレーターと同じような調査結果が得られたのである。

オペレーター調査とは、卓越した技術を持つオペレーターによる、いわゆる有人調査で、現在でも多くの新聞社やテレビ局が内閣支持率や政党支持率を調べる際に採用している、調査手法である。

調査をすることによって、支持する候補者を決めていない、態度未決定者を数値化することができる。

政党支持とクロス集計することで、政党支持率の中の浮動層である態度未決定者の割合がわかる。

地域別に集計することで、地域ごとの支持の固まり具合もわかる。

そして、支持する政党を持たない無党派の割合もわかる。

オートコール調査は厳密には世論調査ではないが、選挙調査をはじめ、電話を使用した一つの手法として、社会調査的にも使われているということは、発表者としてとても嬉しい限りである。

ここから小社の電話調査について説明したい。

電話調査は、郵送調査に比べて、準備期間が短く、集計も手早くでき、コスト面での優位性がある。

期間が定まっている選挙戦においては、郵送より、電話の方がスピーディーな調査ができるのだ。

最近は、ネット調査も盛んにおこなわれており、組み合わせによる並行方式もおこなわれている。

選挙区情勢調査や有権者意識調査をリサーチするのに、小社が採用している**オートコール調査は、オペレーター調査に比べ、人件費がかからない分低コストで調査ができる**。

オートコール調査は、ＩＶＲのシステム構築・運用には技術者が必要だが、設問内容のメッセージ台本がつくれれば即調査をはじめられる。

メッセージ台本はスクリプトともいう。

オートコール調査は、調査対象者に合わせた受け答えができないので、途中で電話が切られないようにしなければならない。

私は、相手の立場にたってスクリプトづくりをしている。

聞きとりやすい言葉を選び、質問順序を考えて、回答の途中での電話切断率を少しでも減らすことがコツである。

そのスクリプトづくりのノウハウこそが、熟練技を持つオペレーターへの回答との乖離の少ない調査を可能とするのだ。

一般的に、社会調査をやろうと思ったら、調査の必要性の確認・調査の企画・調査手法の選び方・調査票の作成・回答方法の選択・調査報告書の構成・調査結果についての考察と結論と、専門的知識が必要である。

小社の選挙調査は有権者意識調査に特化することで、ノウハウをブラッシュアップしている。

専門性を高めるべく、日頃から、質問の核になる候補者情報は、出馬会見や公認候補発表のニュースをチェックし社内で一覧表を作成し、更新作業をおこなっている。よって、急ぎの調査依頼でも短時間でスピーディーに調査準備を終え、実査に入ることができるわけだ。

さらにあらかじめ集計システムまでシステム構築しているので、調査終了後の集計分析時間を短時間で済ますことができ、レポート作成までスピーディーに対応することができるのだ。

集計結果速報は、調査最終日集計が終わったら、メール添付にて報告する。

小社のオートコール調査の調査対象者は、独自のRTD（ランダム・テレフォンナンバー・ダイヤリング）方式にて、その都度、調査対象者を新たに選び出すフレッシュデータだ。

調査メニューは、同じ設問内容を使う定点観測と特定の目的をもった臨時のアドホック調査の両方がある。

最近は、家の固定電話に若い人が出ることがなくなった。

私生活の空間に、突然侵入する調査依頼の電話に、快く回答してくれる人の多くは高齢者が多い。

調査対象者を、電話に出てくれた人にするやり方だが、案外、開票結果との乖離は小さい。若い人は人数が少なくなおかつ投票をする人も少なく、高齢者は人数が多くなおかつ投票する人も多いからである。

また、仮に若い人の投票率が高くなっても若い人と高齢者の意見が違わなければ、結果的に年の差は、選挙の調査ではあまり重要視しなくても良いことになる。

しかし、**オートコール調査にも限界がある**。

2011年大阪市長選挙のときは若い人と高齢者の意見が異なった選挙であった。現職の平松邦夫市長と大阪府知事を辞職した橋下徹氏が争った。

小社の調査では、序盤から終盤まで「接戦」という調査結果だった。

しかしながら結果は、橋下徹氏圧勝であった。

この圧勝劇の主役となったのが、オートコール調査では把握できなかった20～30代の有権者の意見であった。

あまり投票に行かない20～30代の有権者が、棄権せず投票所に行ったのである。

出口調査によれば、30代の7割強が橋下徹氏に投票していた。

その結果、大阪市長選の投票率は前回2007年は43・61%だったのが60・92%になり、17ポイント上昇した。その動向をオートコール調査では読み取ることができなかったのである。以後、小社では電話を掛ける時間帯などを工夫をし、少しでも若い方の意見を集める努力をしている。

② マーケティング選挙

1 マーケティング発想へいたる

ここからはあらためて、私と選挙とのかかわりを紹介していきたい。

1978年（昭和53）に法政大学に入学。学生時代から、社会人になっても宮城県選出の国会議員の地元事務所に出入りをし、〝小僧〟として、選挙の手伝い経験があった。当時、事務所内軽作業の手伝いや、演説会の準備の手伝い要員であったが、下っ端なりに「選挙っておもしろいなぁ」と感じていた。

仕事は、総合広告代理店、ハウスメーカー、流通（家具・インテリア）業、テレマーケティング業といずれもスカウトされ転職した。

1996年（平成8）の春、テレマーケティング会社の営業部門内にリサーチ部門を立ち上げた。

正確な調査ができる新たな手法としてわかってもらうには、**社会調査で答え合わせができる選挙調査に取り組むしかない**と考え、政党本部や政治家事務所に飛び込みセールスをした。

折りよく初めての小選挙区比例代表並立制の選挙となる第41回衆議院議員総選挙がその年の秋におこなわれることもあり、選挙区情勢の調査をしてみたい方に運よくお会いすることができた。

テレマーケティング会社はベンチャー企業であった。

IPO（新規株式公開）ののち、選挙調査部門をスピンアウトし独立したのである。

2010年（平成22）8月に現在の会社を設立し代表取締役となり、現在にいたっている。

2 マーケティング発想とは何か？

「投票所に来てもらい、投票してもらわなければ支持率がつくれない」

この考えは、マーケティング発想の逆算の思考からきている。

逆算の思考で選挙を考える場合、投票所から考えはじめることになる。

ハウスメーカー、流通業の営業現場で、住宅展示場や店舗にお客に来てもらわないと何もはじまらないということを叩き込まれた。

テレマーケティングに携わったとき、ワンツーワンマーケティングを使って、クライアントのホームページを作成支援し、ECサイトの立ち上げ支援もおこなった。

ECサイトも、お客にアクセスしてもらわないとはじまらない。

広告代理店、ハウスメーカー、流通業でマスマーケティングを、テレマーケティング業ではダイレクトマーケティングを実践経験した。

商売で使う公式は、売上＝客数×客単価である。

店舗責任者、営業責任者、事業部責任者と立場が変わっても、営業現場で使う売上の公式は常に同じで、変わることはない。

毎日、売上日計表とにらめっこしていた。売上日計表の数値を計画値に近づけて売上目標を達成するためには、客数を確保し続けなければならない。もしくは客単価を上げ、客数を維持することができなければ、売上目標も、売上高目標も達成ができない。

立場が変わり、営業現場から経営側になったときには、単に売上高目標を達成するだけではなく、営業利益・経常利益目標も達成しなければならなかった。

いずれにしろ、営業的にはどの数値も売上なくしてははじまらないものばかりである。「企業は成長する」の掛け声のもとに、毎年売上高を前年比でアップさせ、目標達成し続けなければならない。

近年のマーケティングは、より細分化されて、変化している。

そして、マーケターは新たなマーケティング手法を絶えず開発し、企業は成長し続けている。

マーケティングは、営業の単なる一部門ではなく、営業部門全体に影響を及ぼすようになり、さらには生産から販売まで業種業態を問わず企業全体で取り入れられている。

もっとも、

●Back to the future（未来を予想する）／Back to the basic（いまに繋がる過去を知る）

という、マーケティングアプローチに変わりはない。また、

●マーケットイン／プロダクトアウト

という、アプローチ方法も変わらない。

目標達成のためには、

●まず、理念をしっかり固めること
●次に、現実を知ること
●そして、計画をたてること

目標を達成するには、施策を企画し、企画を作戦にする。

目標を達成するコツは、目標を計画にすることだ。

❸マーケティング選挙——顧客視点のすすめ

マーケティングを成功に導くコツは顧客視点である。

顧客視点を実践するためには、双方向な関係性の構築、リレーションが不可欠である。企業の顧客との関係性構築には、スタンプカードやポイントカードがよく使われている。

最近は、企業規模の大小を問わずアプリでリレーションする企業が増えた。

企業間では、日々、顧客維持のためのマーケティング合戦がおこなわれている。

顧客とは、もちろんお客のなかの、購入客のことである。

お客は店や企業が取り扱う商品により、商圏客と需要客に分かれるが、もし売上不振の状況、計画未達成、伸び悩んでいることがあるとするならば、その原因は見込客に知られていないことかもしれない。

私は流通業にいた頃、お店が知られていないのか、品揃えが知られていないのかをリサーチした経験がある。

もし、知られていない場合は、まったく知らないのか、または名前は知ってはいるが、購入するきっかけがないのかをさらにリサーチする。

その結果、広告宣伝量が不足しているのかもしれないし、販売促進企画が魅力的ではないのかもしれない。

また時として、誰かに誘われていないだけかもしれない。

逆に、知られているのに伸び悩んでいるならば、それがなぜなのかをさらにリサーチする。

その結果、他店の方が価格が安い、店員の態度が気に入らないなどの、当店で購入しない理由も見つかる。

いずれにしても、現状を把握し、お客とのリレーションを構築していくことが重要である。

お店を選んでもらい、商品やサービスを選択してもらう。

マーケティングが成功するのは、販売する側と購入する側、双方の関係づくりの結果によってもたらされるのである。

決して、売りつけるのではない。

マーケティングで、見込客を顧客にし、顧客をリピート客にするためには、顧客満足度合が重要である。

マーケターの役目は、お客に貢献することである。

買ってもらう、繰り返し買ってもらう計画づくりがマーケターの仕事だ。

顧客シェアを高めるコツは繰り返し、できれば定期的に来店してもらうことだ。

店舗にしろ、ECサイトにしろ、お客が来ないと商売にならない。

マーケティングの実践経験から、選挙を逆算の思考で考えると投票所に来ないと一票が入らないという考え方になってくる。


選挙では、選挙区に有権者がいる。

一人、一票。

投票できる場所が決まっている。有権者が一票を持って、候補者の名前を書きに投票所に来る。

あとは、いかに、リレーションを構築するかだ。

なお、読者の皆さんにリレーションの重要性を説いているが、決して大衆迎合を促しているわけではないので悪しからず。

ポピュリズム政治で、日本が良くなることはないと、付言しておきたい。

第4章

後援会のすすめ

⑮集計センターでもある選挙事務所は選挙の前線基地です。

⑯投票箱は政治家を公職者に変える。

⑰あなたの1票で明日がつくられる。

①なぜ後援会をつくるのか

1 専門家チームをつくろう

私はアメリカの選挙を実際に見てきたなかで、**日本の選挙でもいずれ、専門家チームが必要になる**と感じていた。

アメリカでは、ストラテジスト、キャンペーンマネージャー、メディアプロデューサー、エリアマネージャーに加え、ブランディングのプロフェッショナル、広報担当が情報管理し、デザイン担当、外観管理担当などがいるのが普通である。

私のような世論調査の専門家はアメリカではポールスターという。

そして、ニューメディア担当として、ウェブ上のソーシャルメディア、動画投稿サイト、写真投稿サイトで、ブランディングを高め有権者とのエンゲージメントをつくり上げるデジタルストラテジストやデジタルディレクターがいる。

そこで、私はチーム野澤をつくって、依頼を受けた候補者に専門的なアドバイスができる体制をつくった。

私は、その名を「チーム結《ゆい》」と名付けた。

「チーム結」は適時、情報交換会を開催し、選挙戦情報のブラッシュアップをしている。

私は、仲間を集めるときのために、その考えをまとめた小冊子、「明日は、今日つくられる」をつくり渡している。

まずはその「結」とは何かをこれから説明していきたい。

2 後援会の基盤となる相互扶助の思想

私は、仲間づくりに際して、以下のものを参考にしている。

まず一つ目は、ユイ（結）とコウリャク（合力＝「ごうりょく」ではなく「こうりゃく」と読む）である。

世界遺産・五箇山《ごかやま》がある富山県南砺《なんと》市（旧上平村）に行ったときに、この結と合力を教えていただいた。

結とは、田植えや屋根ふきなどを助け合っておこなう**〝相互扶助〟を意味する言葉で、労働交換のこと**である。

合力とは、他人が何かするのに力を貸して、援助・協力することを意味する言葉で、〝助け合い〟のことである。

結も合力も〝お互いさま〟の上にある。

二つ目は、客人信仰《まろうどしんこう》である。

「遠くから訪ねくる者は厚遇すべし」という、客人信仰を、高知県・檮原町《ゆすはら》に行ったときに教えていただいた。

客人信仰は、東アジアを中心に世界中にあるもので、遠くから訪ねてくる旅人を手厚くもてなし、一種の神として崇めるという考え方である。

東京オリンピック招致スピーチでの「おもてなし」が話題になったこともまだ記憶に新しい。

交通手段の発達していない昔は、外の情報を得るには外から来る人、つまり旅人から話を聴くより他なかった。

客人とは、知らないことを教えてくれる人であり、暮らしを豊かにしてくれる、とてもありがたい人であったのである。

そして三つ目は、朋輩組《ほうばいぐみ》である。

私は、朋輩組とはどのようなものかを知りたくて、徳島県海陽町《かいようちょう》（旧海部町《かいふちょう》）を訪ねた。

朋輩組は、相互扶助組織のことである。

旧海部町は、自殺者の少ない町として広く紹介されたので、ご存知の人も多いと思われる。

同じような組み分け組織は日本中にあるが、そのほとんどは男性・女性が別々につくられる。しかしながら朋輩組はめずらしく男女が同じ組織にいる。

そして、一般に組み分け組織では下の者は上の者に服従というところが多いのだが、朋輩組は冠婚葬祭の手順を指導する以外は基本的に放任であった。

旧海部町ではなぜ自殺者が少ないのかを研究している方の本には、次のようなことが書かれている。

●いろんな人がいてもよい、いろんな人がいた方がよい
●よそ者、新参者も入退会自由であり、自由意思が最大限尊重される
●入会しない住民も、不利益を被ることはない
●結果としてメンバーの組織への考えやかかわり方は十人十色となっている
●人物本位主義をつらぬく
●どうせ自分なんて、と考えない
●「病」は市《いち》に出せ
●ゆるやかにつながる

この「「病」は市に出せ」というのは、病気だけのことではない。家庭内トラブルや事業不振など、生きていく上でのあらゆる問題について、やせ我慢することなく、虚勢を張ることへの戒めが込められている。

思い切ってさらけ出せば、妙案を授けてくれる者がいるかもしれないし、援助の手

が差し伸べられるかもしれない。

取り返しのつかない事態にいたる前に、まずは周囲に相談せよ、という教えなのである。

そんな教えを、旧海部町の人たちは、「助けを求めよ」と言葉によって人を諭すよりも、**人が「助けを求めやすい」環境をつくること**に腐心してきたとも書いてある。面と向かって言われれば、つい意固地になるような人も、気がつけば思わず弱音を吐かされている、ということがままあるそうだ。これも形を変えた相互扶助の姿であろう。


旧上平村、檮原町、旧海部町のいずれも選挙が縁でうかがったところだ。

私は会社を立ち上げてから、毎年140日以上は現場にいる。

北海道から沖縄まで、呼ばれたところにはどこへでも行く。

選挙指南は国政選挙が多いが、知事選挙、市・町長選挙、都道府県議会議員選挙、市・区議会議員選挙もやる。

後援組織の人の投票率は高い。選挙の種類にかかわらず勝つには、後援組織づくり

は欠かせない。

選挙戦で支持率をつくるときに、後援組織の方々ほどアテにできる心強い人はいないのである。


人は一人で生きてきたわけではない。

おぎゃーと生まれたその瞬間から、良きにつけ悪しきにつけ、人にはさまざまなご縁があったのである。

まず親がいる。

そして家族がいる。

長ずれば、地縁が生まれる。

同級生や、部活やサークルの先輩・後輩。

職場の同僚や、取引先など。

さまざまなご縁のなかに人はいるのである。

その縁を感じられるかは、本人次第なのである。

3 個人の尊重と保守の思想について

憲法13条は個人の尊重を掲げている。

「すべて国民は、個人として尊重される。生命、自由及び幸福追求に対する国民の権利については、公共の福祉に反しない限り、立法その他の国政の上で、最大の尊重を必要とする」

それぞれが個性を発揮し、自由に生きるためにもっとも重要なことは、自分と違うものを受け入れること、**すなわち他人を否定しないこと**である。相互扶助の必要性を説いたが、あまりに扶助に熱心になるあまり、個人を蔑《ないがし》ろにしてしまう場合があるが、それではいけない。

受容の精神、言い方を変えるなら〝保守の精神〟である。ここでいう保守の精神は、いわゆる政治的保守思想や保守主義とは異なる。

〝保守〟という言葉を聞くと、一部の人によっては、因習にとらわれた古臭いものと感じられるかもしれない。

もっと言えば、頑迷固陋な、やっかいなものと思ってしまうかもしれない。

私は、先人の考え方や知恵を活かすことを〝保守〟といっている。

〝保守〟を表す言葉の一つに「守破離《しゅはり》」がある。

もとは千利休の訓《おし》えをまとめた『利休道歌』にある、

「規矩《きく》作法守り尽くして破るとも離るるとても本《もと》を忘るな」

を引用したものである。

まず「守」として、師や流派の教え、型、技を忠実に守り、確実に身につけること。

次に「破」があり、他の師や流派の教えについても考え、良いものを取り入れ、心技を発展させること。

そして「離」は、一つの流派から離れ、独自の新しいものを生み出し確立させる段階にいたる、というもの。

まず、本《もと》を尊重し、受容することからはじまり、基本の形を会得しないままに、いきなり個性や独創性を求めるのは、いわゆる形無しであるとされてしまう。

そして形を受容した上で、それを破り離れる、すなわち、改良を加えていくことを良しとするものである。

そして、「本《もと》を忘るな」とあるとおり、教えを破り離れたとしても根源の精神を見失ってはならないことを重要としている。


後援組織づくりとは、コミュニティづくりである。


後援組織の目的は、個人的困りごとの解決ではなく、地域課題の解決である。

そして、支援する政治家とともに、社会の困りごとを解決するのだ。

暮らしやすい地域社会にするために、後援組織をつくり、仲間を当選させ、議会に送るのである。

後援組織を良い意味で仲良しグループと称するなら、選挙に勝つためには仲良しグループから、目的に向かうチームにならなくてはならない。

❷ 後援会のつくりかた

1 つくりかたのイメージ

政治家を支援する後援組織は、政治家の名前がついた○○後援会という名称の政治団体になる。

後援会は一朝一夕には成立しない。段取りが大事であり、私は以下の順序で人を集める。

❶後援会の発足のための意見交換会
❷後援会発足準備会
❸後援会発足式
❹活動方針会議（幹部会）
❺総会

この段取りを踏み、お楽しみイベントを加え、年間の活動を計画する。

現職議員の後援会なら、シンポジウムや車座集会などの対話集会や政治教室を組み合わせて計画する。

定時総会は毎年開催する。


ところで、後援会づくりは囲碁に似ている。

囲碁は碁盤に碁石を置いていき、勝ち負けは碁石でつくった自分の陣地の広げ方で決まる。

相手より、たくさん自分の陣地である「地《じ》」をつくった方が勝ちだ。

碁石を人と考えると、人を次々に配置し、その人と人を繋いで大きな「地」をつくることが重要なのだ。

◆飲食物提供の禁止

誰であっても選挙運動において、食べ物や飲み物（湯茶及びこれに伴い通常用いられる程度の茶菓は、ＯＫ）を提供することはできません。

ですから、投票される人が投票する人に、投票する人が投票される人に、双方とも飲食物を提供することはできません。

ごちそうしてしまうと、それぞれは有権者買収、候補者買収になります。

また、投票する人が、選挙事務所に陣中見舞いとして飲食物を届けることもできません。

無計画な活動や、人間関係を考慮しない人の配置では、大きな「地」をつくることはできない。

キレイな「地」をつくろうと思ったら、最初にきちんと完成形をイメージできていなくてはいけない。ここでも逆算の思考が重要だ。

大局的な計画と、日々のメンテナンスこそが、後援会づくりの肝である。なお後援会活動は、政治活動である。日本では法律上も実際上も選挙運動と政治活動は区別されている。

2 後援会を強くするには――運を育てよ

選挙に強い政治家は、かならずといっていいほど、後援会を持っているか、支援してくれる団体を持っている。

後援会を強くしたい幹部の方々がすべきことは、

「投票率１００％の塊をつくる」

である。この一言に尽きる。１００％は、運も味方しないと実現しない数字だ。**人には運が付きまとうものだが、運はつくるものだ。**

心構えとして「あっ、今日も運があるな」「また運があった」と、無理やりでも毎日一つは思うことが重要だ。

勝ち運をつくるためには、以下のことを心がけることである。

●まわりの人に「運がいいね」と言ってもらえるよう行動する
●運を逃がさないために、愛嬌とキュートさを忘れない
●誰も嫌わない、誰からも嫌われないようにする
●健康第一
●清潔感を大切にする
●サイズの合った服を着る
●聞き上手になる

●少し大きな声で話す
●ヒソヒソ話はしない

幹部の方々は候補者と同じくらい、有権者に見られているものである。**振る舞い一つで、票は増減する。**運を育て、運を味方につけてほしい。

❸世話人づくりのすすめ

後援会づくりとは、囲碁に例えれば、まさに**選挙区内に碁石ならぬ世話人を、それぞれ配置していくこと**である。

世話人は支援者や活動家のまとめ役である。個々の支援者や活動家が動きやすくなるように世話役をしてくれる人であり、候補者の分身になってくれる人だ。

次のような人が世話人候補になる。

●家族ぐるみで支援してくれる人

●批判を打ち消してくれる人
●活動家のサポートをしてくれる人
●地域・職域の名簿管理をしてくれる人

世話人には、普段からご自宅にポスターを貼ってもらい、地域のお困りごとの相談窓口となってもらう。

世話人なんていらない、という政治家の方もいるが、分身である世話人づくりをすすめている。世話人づくりは、本当の理解者づくりだからだ。

世話人の役割は、支持者をつくること。

支持者とは、自分に投票してくれたことを教えてくれた人のことだ。

選挙戦の〝勝ちのはじまり〟は、有権者が支援者に変わり、支援者が活動家や世話人に変わったときにはじまる。

有権者とはもちろん、自分に投票できる人のことである。

支援者とは連絡の取れる人のことで、活動家とは友人・知人に声をかけてくれた人だ。

世話人がいることで、政治家は支援者と連絡が取り合え、活動家は声をかけやすくなる。世話人がいるかいないかで後援会組織の活殺がきまる。後援会をつくるとは、世話人を置いていくことだ。

後援会活動を円滑におこなうには、世話人の中に、幹部が必要だ。幹部は入会促進活動や対話集会や政治教室の企画を考える人である。

〝負けのはじまり〟は、新たな活動家や世話人が生まれなくなったときにはじまる。選挙に勝ち続けるには、世話人の人数を少しずつ増やし続けなければならない。

私は、選挙人を、

●お名前と連絡先を教えていただいた人……会員
●まだ、お名前と連絡先を教えていただいていない人……未会員

と表現している。

未会員は、未だ後援会に入会していないけど、会員という考え方だ。

もちろん、選挙区外に住んでいて、支援、応援してくれる人もいる。
そういった人は、特別会員とする。

私のモットーは「浮票を追わず」だ。

たとえば、昔から応援してくれている山田花子さんが娘の京子さんを初めて紹介してくれた。支援者の山田花子さんが活動家になってくれたのだ。

しかし失礼ながら、京子さんが支持者になってくれるかはわからない。

そうしたら、京子さんが友人の勝山太郎さんを紹介してくれた。これで京子さんも支援者になってくれ、さらに活動家にもなった。

つまり、**野澤流では厳密には、最低一人はご紹介いただかなければ、支援者ではない**という考え方である。

この場合、集計センターで数えられる票は、山田花子さんの1票、京子さんの1票、の2票である。

勝山太郎さんも投票してくれたことが確認できたら、そこで初めて3票と数えられるのである。

票を固めるチームづくりのポイント

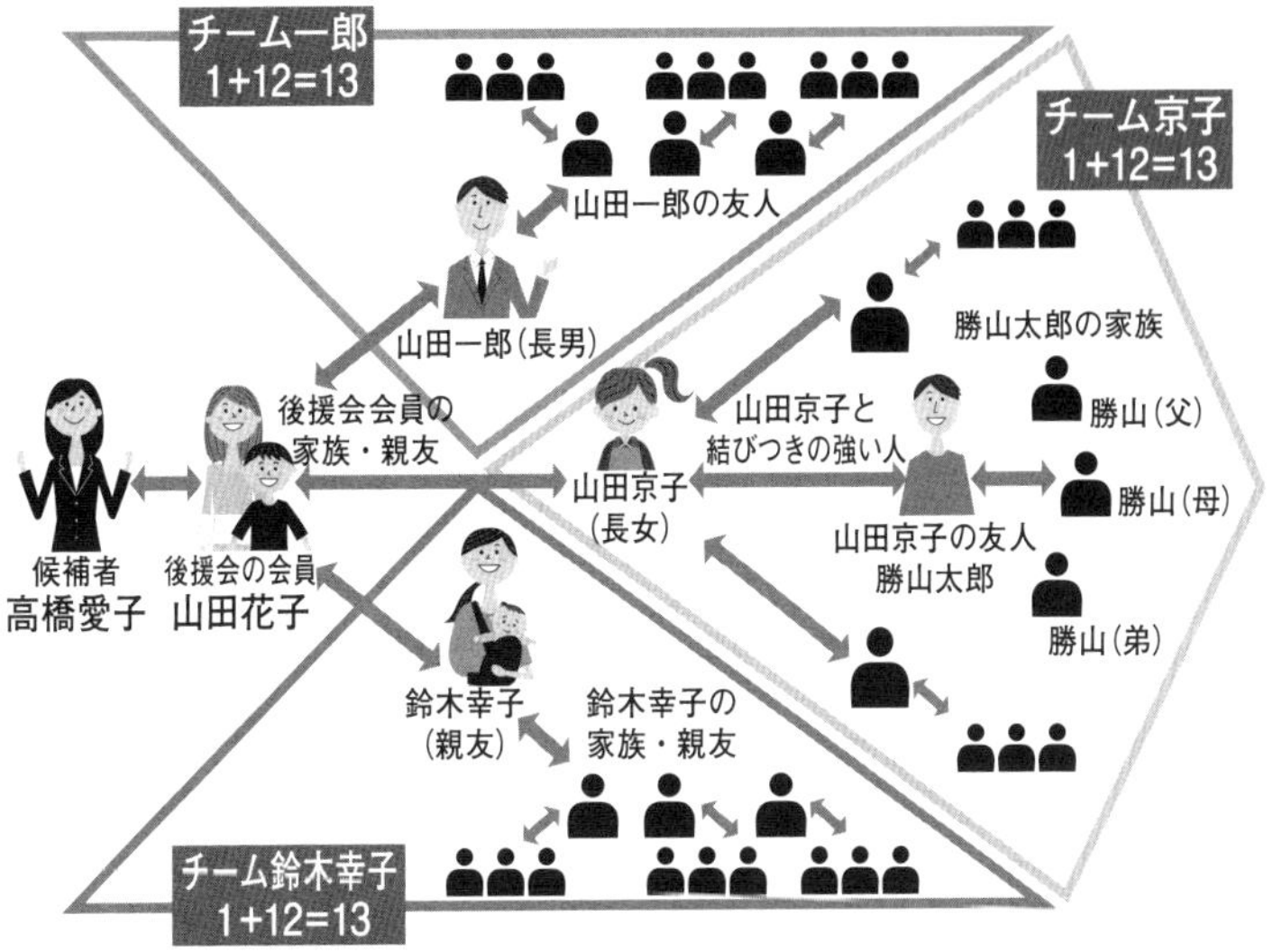

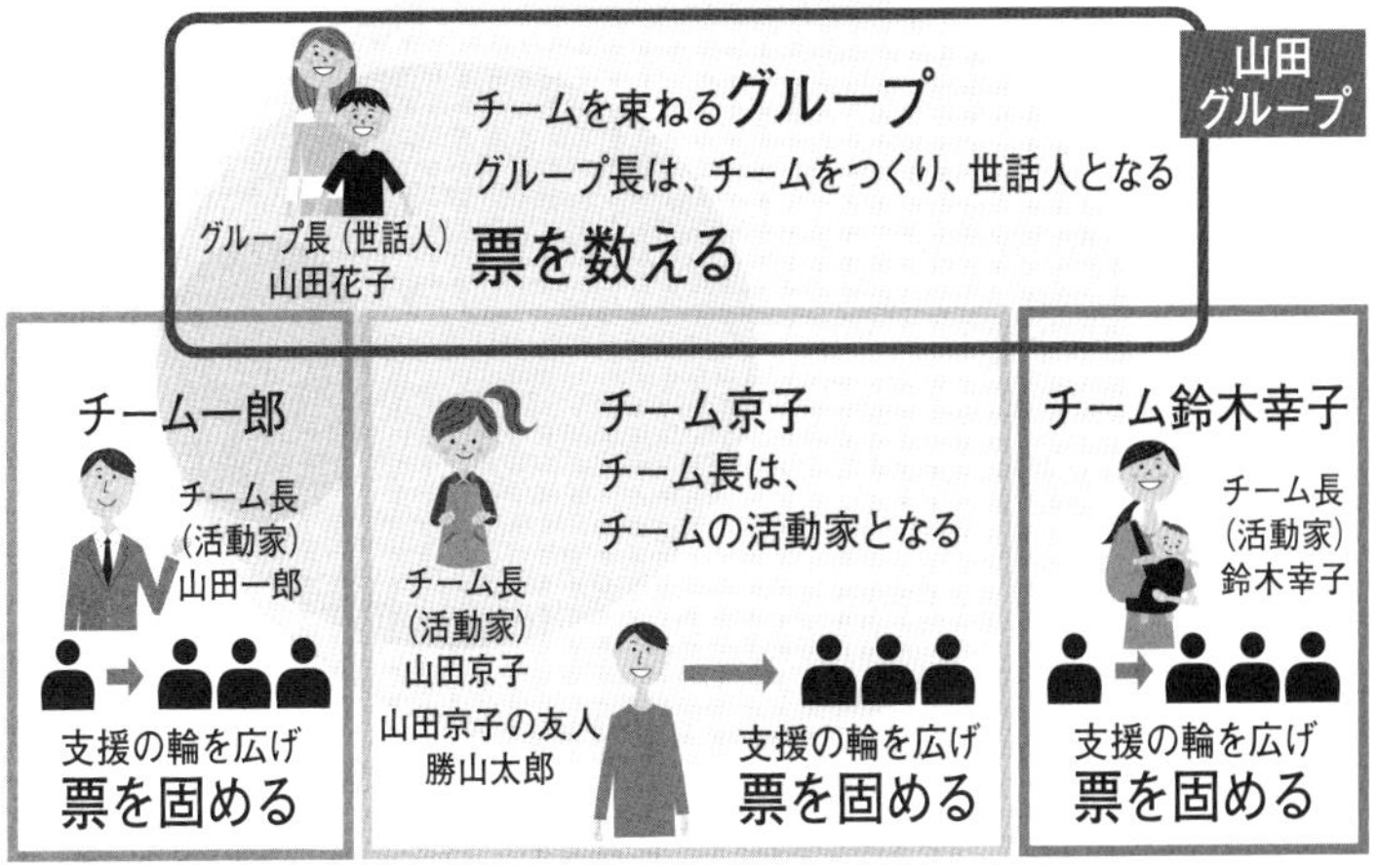

4 選挙対策チームのすすめ

政治団体である後援会は、選挙期間中は活動ができない。

そのため、選挙期間中に選挙運動を円滑にすすめるための別組織である、選挙対策チームが必要となる。

選挙戦は個人戦ではなく、団体戦だ。

ポスターを掲示し、ビラを頒布する。

そしてハガキに宛名を書き、郵便局に持ち込む。

それらの作業をサポーターの皆さんにお願いするには、人繰《ひとぐ》りが必要だ。

リーダーを決めシフトを組むには、役割分担をしなければならない。

ポスターがいち早く貼れる役割分担が上手な選挙対策チームは、〝組織力がある陣営だ〟と、ライバル候補に思わせることができる。

組織力は、候補者の力量を測るバロメーターになる。

選挙事務所内には、選挙運動を展開するために付随する作業も山ほどある。選挙では、候補者をサポートする人が多い方が良いに決まっている。作戦を実行し、勝つためには、選挙スタッフの衆知を集めるべきだ。選挙スタッフが集まれば打ち合わせが必要になる。打ち合わせをするには、組織図があった方が良い。

選挙対策チーム内の合意形成は、そのまま有権者との合意形成の入り口である。合意形成に会議は欠かせない。字のごとく、会って議論する場が不可欠だ。

選挙対策チームが立ち上がったら、選挙対策会議をしよう。

決めることは会議で決めるのだ。会議で決めたことが決定事項だ。

決定事項とするには、

●討議→協議

の順で吟味していく必要がある。

討議→協議の手続きを踏むということだ。

討議とは、決めることについて話し合うこと。

問題点の抽出や解決方法を大枠で挙げ、協議することに適しているかを話し合い、メンバーの個人的見解を把握することを目的にする。

当然、結論を出す必要はなく、多数決は用いない。

協議とは、討議でなされたことを踏まえて、協議事項について、会議のメンバーが反対、賛成、内容の変更等の意見を出すことであり、修正後に決定事項となる。

選挙運動の準備は多方面に渡り、幹部の一人に任せる事柄も多くなる。任せた事柄は、報告事項として会議で共有することも重要だ。

選挙対策会議の後には、報告事項と決定事項をまとめた議事録をかならずつくろう。

5 選挙総括の必要性

選挙戦の総括は、次の戦いのために不可欠なものである。

総括を次期選挙戦に活かすためには、次の視点が必要である。

●間に合ったこと
●間に合わなかったこと

間に合ったこととは、計画通りにできたことである。
間に合わなかったこととは、計画通りにできなかったことだ。

次に方針について総括する。方針は三つに分けると良い。

❶選挙運動の全体方針について
❷組織運営の全体方針について
❸広報機材の全体方針について

まず❶の選挙運動については、

①事務所開きについて

②決起集会について
③出陣式について
④第一声について
⑤街頭演説について
⑥個人演説会について
⑦マイク納め式について

など、企画ごとに総括する。

そして❷の組織運営については、

①選挙対策本部（情報管理、公約、企画の決定）
②総務部門（選挙管理委員会届出書類、全体日程管理、候補者スケジュール管理、各部門の情報集約・連絡調整）
③遊説部門（選挙カーのコース管理、ウグイス嬢管理）

④電脳部門（選挙特設ページ、SNS対策）
⑤設営部門（出陣式、第一声、街頭演説、個人演説会、マイク納め）
⑥PR部門（広報機材、選挙カー）
⑦組織・団体部門（ハガキの集約、集計センターの運営）

など、業務ごとに総括する。

最後に、❸の広報機材については、

①選挙運動用ポスター
②選挙運動用ビラ
③選挙運動用ハガキ
④選挙広報
⑤新聞広告
⑥政見放送

など、広報機材のアイテムごとに総括する。

総括発表の場として、選挙対策チーム解散の会をかならずやること。

選挙対策チームは、〝心合わせの会〟で集まり、〝総括の会〟で解散する。

いずれにしても、計画を立て進捗を管理する司令塔役がいなければ、総括することができない。

終　章

これからの選挙

⑱選挙特番は出口調査でつくられます。

⑲バンザイは投票した人、応援した人の喜びです。

⑳政治は当選した人数で動きます。

①政治の問題点

1 予算ぶんどり

政治の三角形で示したように、政治とは税金の配分を決めることである。

アメリカの政治学者で、ミシガン大学教授のジョン・キャンベルが、**日本の政治の核心は「予算ぶんどり」にある**と述べている。

「日本型予算政治の研究」をまとめた『予算ぶんどり』（サイマル出版会、１９８４年）という本で次のように書いている。

「高度成長の果実によって肥大化した利益政治の構造は、その後もしぶとく続いている。

利益政治とは、政治的実力によって国から引き出した利益を、選挙区や特定の業界に配分することによって支持基盤を培養する政治である。その場合の最大の好餌が、予算であることは言うまでもない」と。

過去日本の景気が良かった時代の、欲するものをただ与えるだけで、節約する習慣も技能も忘れた日本型予算の利益政治構造を見事に解き明かした言説である。

有権者の支持を得たものが、予算を決定する。

これは政治の本質である。

2 政治とカネの問題

先述した議員秘書が議員になるドラマ『罠の戦争』でも取り上げられたのが、この問題であろう。ドラマでは、不正献金の場面があった。

特定の個人や企業・団体から資金を入手する見返りにおこなわれる政治は、政治の

腐敗を招く。

こうした弊害を防ぐために政治資金規正法が1948年に定められた。

1994年には、所属国会議員が5人以上などの政党要件を満たし、交付を届け出た政党に政治活動費を交付する政党助成法が成立した。

この法律によって、税金の一部が、政党に助成金として配られている。

選挙で投票したか、棄権したかにかかわらず、国民一人あたり250円が政党助成金として政党に配られていることは忘れてはならない。

3 選挙システム

選挙指南をする際に、選挙のシステムについて思うことがあれこれある。ここにまとめつつ書かせていただく。政治家の皆さまには改善策を講じていただければ幸いである。

冒頭のプロローグで2023年の統一地方選挙における6種の投票率を記した。6種すべての平均投票率が50%を下回っている。そして無投票当選の選挙も数多くあった。選挙の結果を民意とするのであるならば、民意とみなされるにふさわしい新たな選挙システムが必要である。

まず選挙協力についてだ。

選挙協力とは、政党が選挙区に候補者を立てず、自党支持者に対して他の政党に投票するよう呼びかけることである。この選挙協力によって、政党支持者は他党のマニフェストを知るようになる。

結果として政党支持者は、政党のマニフェストと選挙協力した他党のマニフェストの両方を見比べ、重なる部分、重ならない部分を自身で確認しなければならない。有権者が支援する候補者の公約を聞いて、当選させるために投票すれば済んでいたのに、選挙協力政党のマニフェストを有権者が自ら調べて、選挙協力に賛同するか否かで投票先を選ばなければならなくなってしまった。

私はこの複数のマニフェストを見なければならない選挙協力が、有権者の負担を増やしていると考える。そのことによって無党派自認の有権者を増やし、他方で投票に行く人を減少させているると考えているのだ。

政権運営を前提とした選挙協力は、連合政党として共通のマニフェストを掲げて選挙戦に望むべきだ。

次に一人二票制についてだ。

衆議院議員総選挙と参議院議員通常選挙は、どちらも有権者が選挙区と比例代表それぞれに一票を投じることができる一人二票制である。直近の２０２１年衆議院議員総選挙、２０２２年参議院議員通常選挙ともに、政党要件を満たしている政党がすべての選挙区に立候補者を擁立することはなかった。それゆえ政党を選ぶ比例代表に比べて選挙区での選択の幅が限られた。

当然のことであるが、選挙区では立候補した候補者の中からしか投票する候補者を選べない。選挙協力と同様に、有権者への負担を課す一人二票制は、無党派自認の有権者を増加させ、他方で投票に行く人を減少させている要因であろう。

私は政党支持者でありながらその都度に投票先を選択したい浮動層や、無党派を自認している有権者を問題視しているわけではない。

むしろ選挙プランナーとしては、立候補者をよく観察し、複数のマニフェストを読んで投票先を決めようとする姿勢の人に、候補者情報や政党情報をタイムリーに届けたいのだ。

選挙ごとの期日前投票者の割合は上昇しているが、その一方で投票結果による最終投票率は下降している。ということは、選挙戦スタート時点ですでに投票先を決定している有権者が年々増えているだけで、選挙戦を経て投票先を決める有権者は減っているということだ。

インターネットで投票依頼をするネット選挙が定着したとはいえ、残念ながら選挙期間中に候補者を選び、投票しようと思わせるまでにはネット選挙がいたっていないのである。

ポスター、ビラ、ハガキのデザインなどのつくり方や使い方は、有権者に伝わるようなさまざまなノウハウが候補者や選挙対策チームに蓄積されている。

さらに現在の公職選挙法では、印刷物制作には公営制度があり業者を使うことが合法的に認められているが、選挙期間中の候補者のＳＮＳの更新作業は立候補者に依存する部分が大きい。

それは一般に候補者が文面等を考え、業者がそれをもとに、機械的に更新作業をする場合には報酬を支払っても買収にはあたらないと考えられているが、業者が主体的・裁量的に選挙運動の企画立案をおこなう場合には、当該業者への報酬の支払いは買収となるおそれが高いと考えられているからだ。

こうした規制を改正し、立候補者の公約を紹介する動画撮影や編集作業は、専門業者に外注できるようにするのも一案だろう。

そして6種の選挙の投票日についてだ。

日本の選挙は6種の選挙日程が衆議院の解散総選挙の場合を除いて任期満了で決まるため、投票日が多すぎるという問題である。

私がこの問題を考えるようになったきっかけは、先に紹介したアメリカ訪問のときである。アメリカ訪問記でも書いたが、アメリカの選挙は、全土で2年に一度、すべての選挙がまとまっておこなわれる。

アメリカでは多くの人が選挙キャンペーンに参加し、真摯に政治にかかわっていたということを書いた。これは政治に対する意識の違いもあるかもしれないが、2年に一度のあらかじめ決まっている投票日だからかもしれない。

過去には100%だった地方選挙の統一率（統一地方選挙で実施される選挙割合）が年々減少し、2023年の統一率は27・54%になった。戦後まもなくは8割から9割の人が投票していた地方選挙だ。

以前のように4種の地方選挙の投票日が統一されたら、投票率はどうなるのか。


さらに投票日がバラバラで、選挙の回数が多いことは別の問題も引き起こしている。選挙区選出の衆議院議員や参議院議員は、自分の選挙区内の自治体議員選挙や首長選挙の応援に駆り出されることがある。

たとえば衆議院北海道第12選挙区は日本で一番面積が大きな選挙区として知られているが、そこには28もの市町村があり、それぞれの選挙応援に入るとする。一部選挙日は統一されてはいるものの、4年間の間に28の基礎自治体議員選挙と首長選挙があるのだ。

さらには、「一票の格差」「合区の解消」などにも取り組み、投票率が向上するような選挙制度改革を進めてくれることを願う。

最後に、アメリカも選挙権があるのは18歳以上の国民だが、日本と違ってアメリカは18歳になると自動的に投票できるようになるわけではない。

投票するためには事前に居住地の選挙管理委員会に有権者登録を申請しなければならない。有権者登録は引っ越しをすれば新たな居住地で再度登録する必要があり、長い間投票しなかったりすれば登録が消されることもあるのだ。

日本では転居先で自動的に有権者になる。政治家のビラをもらったこともなければ、主催する集会に参加したこともない有権者が、地元の政治家の信条がわからないまま投票日を迎えることとなる場合もあるので有権者の投票への意識付けを保ち、投票率を高めるためには、有権者登録制度はよいかもしれない。

いずれにせよ、政治家にはさらなるネット選挙への対応と情報発信を期待したい。

② これからの選挙

1 コロナ禍の選挙

ここからは、これからの選挙を考えていきたい。

インターネット選挙運動が解禁されて10年近くになる。公示・告示日や、新聞やテレビで選挙のニュースが取り上げられた日には、報道を見て、立候補者のホームページを調べて見にくる人が多くなる傾向がある。

有権者が投票に際して、候補者を検索して、その候補者のホームページやSNSを調べて見にくることは、いまや当たり前になった。

この3年間でネット選挙が定着した。

コロナ禍のネット選挙を振り返りたい。

２０１９年12月31日、中国の武漢市衛生健康委員会が原因不明のウイルス性肺炎発生を発表した。

２０２０年１月15日、日本で初めて（当時）、原因不明のウイルス性肺炎が確認された。

その後、原因不明のウイルスは新型コロナウイルス（ＣＯＶＩＤ－19）と呼ばれるようになった。

２月１日、新型コロナウイルス感染症を指定感染の２類相当扱いにするという政令が施行。

３月24日、東京２０２０オリンピック・パラリンピックの延期が決定した。

４月１日、安倍晋三首相（当時）が全世帯にマスクを配布するという方針を示した。

４月７日、７都府県に１回目の緊急事態宣言が発令。

そして、４月12日、東京では、目黒区長選挙が告示された。

選挙戦がスタートすると、感染対策のためのレインコートを着た人がビニール手袋をして、選挙運動用ビラを配ったが、受け取る人は少なかった。

なかには、ビラを持って近づいてくる姿を見て、後退りする人も見受けられた。

投票所には、消毒液が設置され、使われた鉛筆を一本一本消毒していた。

4月16日、緊急事態宣言は全国に拡大した。

そうして、私たちの日常はあっという間に一変してしまった。

5月1日、厚生労働省の専門家会議で、「新しい生活様式」が提唱された。

6月18日、東京都知事選挙が告示された。選挙戦は、密にならないようにするため、動員による個人演説会や街頭演説は基本的にはおこなわれず、ゲリラ的街頭演説は人が集まってくると解散された。

多くの有権者は演説を、インターネットで見るようになった。

2 ネット選挙について

ネット選挙で特徴的だったのは、次のとおりだ。

●ゲリラ演説をライブ配信する

●ツイッターで質問を受け付けて、ユーチューブで回答する
●ＳＮＳを利用者層に分けて使う
●ハッシュタグをつけてこまめに投稿する

など。これら動画共有サイトやＳＮＳが、ホームページやメールなどに代わってネット選挙の中心的な役割を果たした。

候補者からは、

●単にネットを使うだけでは支持は広がらない
●ネット環境が不十分な家庭や高齢者にはハードルが高い
●デジタル専門チームがいないとまわらない
●選挙のときに、急にはじめても見てもらえる人が少ない
●睡眠時間が短くなる、体力的につらい
●ライバル候補の投稿も意識せざるを得ないので、精神的な負担が増える

などの感想がもたらされたが、東京都知事選挙以降、ネット選挙は急速に全国に広がった。

広がった理由の一つは、**ネット選挙は、個人演説会場の定員人数を気にする必要がないからだ**。定員人数がないので、多くの支援者の人に案内することができる。

動画共有サイトやSNSの投稿数が増えたことで、有権者は自宅に居ながらにして、候補者を調べ、比べることができる。

投票される人、投票する人の双方ともに、ネット選挙は有用的なものなのだ。

ネット選挙のコツは次のようなものである。

- 動画共有サイトを使って投票の呼び掛けをする
- SNSはターゲットに合わせて、いくつかを使い分ける
- 遡って見られるように、きれいなタイムラインづくりを意識する
- ネット選挙を担当する電脳チームを置き、遊説チームや演説会設営チームと連携させる

- ●広報責任者のもとに、情報管理スタッフ、外観管理スタッフ、日程管理スタッフを配置し、SNS用撮影スケジュール作成する
- ●選挙事務所内にインターネット環境、女優ライトなど、配信環境が必須である
- ●マイクはできるだけ性能の良いものを準備する
- ●演説場所は、撮影しやすい場所、明るい場所を選ぶ
- ●SNSはかっこよく編集した動画を使う
- ●ライブ配信もする
- ●有権者の投稿やコメントにはできるだけ反応する
- ●候補者に同行するスタッフは、動画撮影が上手な人にお願いする
- ●スマホでのカメラ撮影は縦使いも駆使する
- ●SNSの更新時刻を支援者・活動家と共有し、トレンド入りや急上昇ワード入りをねらう
- ●デジタルコミュニケーションで大切なのは更新のタイミング
- ●候補者や選挙カーの位置情報を得るためにGPSを使う

これからの選挙は、**ファンマーケティングの思考が求められる。つまり有権者の「推し活」をうながすのである。**

これまでは、候補者を推すのは後援組織であり、選挙スタッフやその周りの人のみであった。

しかしネット選挙で、**誰しもが候補者を〝推す〟ことができる**ようになったのである。

ぜひ多くの人に、「推し活」をしてほしいのだ。

まさに総後援会時代が、そこまできている。

政治家と有権者の関係は、推すと推される関係性になっていくだろう。

コロナ禍の選挙でネット選挙は定着した。

ネット選挙は、時代の要請だ。

投票される人と投票する人の関係は、インタラクティブチャットになり、双方向型のやり取りが選挙期間中にもっと増えるかもしれない。

好むと好まざるとにかかわらず、政治家はもっと衆目にさらされるようになる。

3 自己プロデュース力を高めよう

政治家が人気者になる時代になった。政治家は人気者にならなければならない。政治家も、自己プロデュース力が求められている。

政治家についてはいくつもの細かな指南書がすでに存在しているが、私なりのアドバイスを最後に記して終わることにする。

「服は貴方の明日を変える。（中略）
世の中の価値観が劇的に変わっています。個の時代を迎えビジネススタイルも同様です。装いで自分は何者なのか、どのような仕事をしたいのかを演出することは重要です。大切なのは装いで自分の価値を高めること。服を戦略的に着ることはビジネススキルなのです」

これは、著名なスタイリストの言葉である。

政治家の服装は口ほどにモノを言う。

政治家の服装には大きく二つの機能がある。

一つ目は、シンボル（象徴）機能である。

衣服や身につける物が、イメージとしての政治家個人を連想させるのだ。

常に同じ色のネクタイ着け、同じ色のスーツを着ている政治家がいる。

常に同じ色の服を身につけることによって、その色の服を見た瞬間に、「あ、〇〇先生！」と認識してもらえるようにするのである。

二つ目は、身なりによって、有権者に自分の強みを伝えるメッセージ機能である。

若さと実行力が売りの新人候補者のポスター写真は、ポロシャツ姿か、腕まくり姿を撮影することが多い。

服が綺麗に着られていないと、だらしなく見える。

綺麗にとは、体型に服のサイズが合っていることである。

また一方で、お洒落過ぎても印象は悪くなる。

自分がどのように見えているのかを知るには、着こなしにおいての計算が必要なのだ。ネクタイの幅を背広の襟の幅と同じにするとか、背広の襟カタチやドレスシャツの襟の開き具合を顔幅で決めるとか。

私は、着こなしはファッション重視よりも、スタイル（個性）重視だ。

それは、候補者のスタイルを伝えたいからである。

しかし、ファッションも大事だ。

ファッションとは、一般的には流行りと思われがちだが、流行りには歴史的要素が含まれている。

式典に参列する人が、ローファーで現れたらどうだろうか？

もしかしたら出席者のなかには、「あら？」と思われる人がいないとも限らない。

ローファーとは英語で怠け者の意味だ。

服の系統は、フォーマル系統と、スポーツ系統などがある。それに、トラッド系統に、ワーク系統などもある。

日本でも、絹は特別なものだったし、現代でも相撲力士は番付により着られる着物が決まっている。仕事への意識を、着こなしで表現できているかを、自身で客観的に見ることは、服のことを知らないととても難しい。

しかしながら、**自分の服装を、自分で管理しなければいけない時代が来ている。**

国際会議に出席する際に、帽子をかぶっている姿が注目される有名政治家がいる。

私は、この方はご自身のお洒落のためではなく、帽子をかぶることが正装であり、そしてそれにより相手国に敬意を表しているのだと思うのだ。

政治家は、印象で評価されてしまう。

知らないところで票を減らしてしまうのはもったいない。

選挙のときだけでなく、普段から信頼感、責任感、クリーンさといったイメージづくりが重要だ。

短期間では多くの人に、より良いイメージは植え付けられない。

毎朝、クリーニング店から戻ったワイシャツにアイロンをかけ、無駄な折り目を消すのを日課にする。体形よりも少し大きめの動きやすいスーツではなく、若者に人気の細身のスーツに替える。

印象とは、見た目だ。印象の多くは服装で決まってしまう。

ネガティブな部分を削っていくことがとても重要だ。

シャツの色、ネクタイの柄、髪形はもちろんのこと、強いては体臭までも、候補者が持っているもの、候補者が身につけているものすべてが票に関係する。

印象を整えるのは、候補者の考えを正確に伝えるためである。

見た目を整えることで、有権者と想いを共有することができる。

次は内面について。

これからの選挙においては、政治家はまずは、仲間を大切にすることが重要だ。

これはいままでも変わらないことだが、ネット選挙が中心となるこれからの選挙では一体感がより重要となってくる。

ウグイスさんなど、ともに戦う仲間に対する言葉は特に気を付ける。

選挙スタッフ、お手伝いのボランティアスタッフへは親しみを込めて発する言葉や態度に留意する。

尊大な態度や、パワハラ的な姿勢は、仲間から信頼を無くす。

そして**悪い評判は口コミですぐに出回る。**

ウグイスさんとか選挙スタッフがSNSをやっていたら「この人偉そうだわ」とか

「この人ちょっと私嫌いだわ」みたいな感想が、すぐに投稿されてしまうのだ。

そしてそれが瞬時にその友達の友達、そして日本中に発信されてしまう。


そばにいる人は、自身を戒めるセンサーである。


そばにいる人は良きにつけ、悪しきにつけ、自分の情報を発信してくれる。

後援組織幹部や選挙スタッフから、自分がどのように見えているのかを、聞くことが重要だ。


ウグイスさんの手を握って「今日もありがとうございました。今日こんな可愛い人の手を握っちゃったから、僕、手を洗うのやめよう」と言った男性候補者がいました。

こういうセクハラチック、パワハラチックな言動は慎まなければならない。

「あっ、奥さんありがとうございます」とお礼を述べたら、「え、私、結婚してないんだけど」もよく耳にする。


たった一言で、「あっ、この先生、私のことわかってないんだ」、「この候補者、私のこと知らないんだ」とならないよう、言葉には最大の注意を払うことが大切である。

仲間に、余計なサービス精神は不要だ。

4 選挙で明日はつくられる

「好きで入った道じゃないか」

私は幾度となく、この言葉をつぶやいてきた。

仕事上のトラブルにあったり、悩んだり、挫折感をあじわったときに、いつも、この言葉、

「好きで入った道じゃないか」

を立ち返る原点にしてきた。

落ち込んだときこそ、次の仕事にチャレンジしてきた。

そして、多くの戦友、仲間に出会い、私は今日にいたったのである。

世の中の仕事のカタチがドンドン変わりつつある。

職人技も一部は、ＩＴの力によって誰にでもできるようになっている。

知識も、すでに誰もが知り得ることができるようになっている。

カラダを使って、アタマで考える。カラダを使うことには限界があるが、しかし、アタマを使うことには限界がない。

カラダを使う総量は測ることができるが、知識の総量は測ることができない。

アタマの中は自分自身でもその総量は測れない。それは未知数だからだ。


しかしながら、ＡＩがもっと普及すると、カラダだけではなく、アタマも使わなくなるかもしれない。

だからこそ、知識にも価値を見出していかなければならない。

私はそれを、知価社会としている。

勘やひらめきといった、もしかしたら、突拍子もないことがその先の役立つアイデアになるかもしれない。

働くということには、カラダを使うこと、アタマを使うことが時と場合を変えて、待ちかまえている。

　これから長く仕事をするのに、カラダが疲れたらどうしたらいいのか？

　アタマが疲れたらどうしたらいいのか？

　それらを知るのは、とても大切なことだ。

　この先トラブルにあったり、悩んだり、挫折感をあじわったときにはどうしたらいいのか？

　自分の能力に疑いを持ったとき、自分の望むように展開しなくなったとき、もっと言えば、自分の存在が軽んじられているような気がしたときに、何でも良い、読者の皆さんにも

「好きで入った道じゃないか」


と戻れるところをつくってほしい。

　好きで入った道が、結果に恵まれるとは限らない。

　すべて満足のいく結果に恵まれるとは限らないが、悔いは残したくない。

その昔、選挙の世界は、理屈も何もなかった。

「とにかくやろう！」の一言が絶対であった。

やらなければならない、やってみないとわからないのが選挙であった。

しかし、電話調査やネット調査が普及し、戦況がだいぶわかるようになってきた。

情勢調査の結果を、通信簿だと思うか、ソナー（魚群探知機）だと思うかで、その使い方は大きく変わる。

私は、映画を見てもテレビドラマを見ても、本を読んでも、「アッ！　これ選挙に使える」と思ってしまう。

どうやったら勝てるのかを常に考えている。

好きこそ物の上手なれとはよく言ったもので、**まさに私は選挙が大好きである。**

「アッ！」と感じると、とても幸せな気分になる。

「そんなことできるわけがないよ」との誰かの一言で、シュンともなるが、そこはあきらめ悪く、「アッ！」を選挙で使ってみたいと覚えておく。

この「アッ！」が貯まってきて、上手く使えたりするうちに、私は選挙の「先生」

と呼ばれるようになった。

しかし、その「アッ！」はたびたびはやってこない。

ほんとポツポツしかやってこない。

いつもいつでも、「アッ！」がやってきてほしいのだが。

候補者の政治生命をお預かりする身として、決して悔いが残らないようにしたいのだ。

読者の方で、もし自分が持っている知識の量や、自らの能力を疑っている人がいたなら、政治家事務所や選挙事務所を訪ねてみてほしい。

選挙の現場には、カラダを使う古くからのやり方と、アタマを使う新しいやり方がいい塩梅に必要とされていて、役に立たない人はいないのだ。

選挙戦で汗をかき、「自分が自身のことを信じ、いまのままで良いのだ」と思ってほしい。

ところで読者の方は、過去と現在と未来が別々のモノと考えてはいないか。

別々とは言わないが、過去は過去、今は今、未来は未来と、区切って考えていないだろうか。もしそのような考えだったら、たったいまから直していただきたい。

過去は、いまやっていることの結果である。
未来は、いまやっていることの目的である。
過去と未来は、いまという現在で繋がっているのである。

今日一日を、いい加減に生きると、そのいい加減な一日が過去に蓄積され、そのいい加減な一日が、やがて未来に反映される。

今日という一日は、それこそいろいろなことが起こる。いいこと、わるいこと、つまらないこと、感激したこと、それらを、今日の一日が終わるときに、今日一日いろいろあったが、いい経験をした、と納得してしまえばいいのである。

切り替えが早い人、というのは、そんなことを意識してか、無意識のうちにかはわからないが、ポジティブな生き方を実行している人たちである。

残念ながら、「好きで入った道だが、満足のいく結果に恵まれるとは限らない」のである。

しかし、不満足な結果も経験しないと、満足な結果は、決してやってこないというのも事実である。

アメリカ合衆国のケネディ大統領の演説を、私は忘れることができない。

「国があなたのために何をしてくれるかを問うのではなく、あなたが国のために何を為すことができるかを問うてほしい」

という演説である。

国と国民の関係性を説くのがリーダーの役目である。

皆さんも、もうおわかりのように、わが国の企業社会においては、もはや年功序列型の賃金体系も、終身雇用型の就業体系も形骸化している。

政治が何かをしてくれるかもしれないし、じつは政治は何もしてくれないかもしれない。

選挙は、自分たちにチャンスを与え続けてくれる場なのだ。

私たちは、一票で、政治家を選び直すことができる。

私は、支持率を衆知の結晶と言っている。


選挙は、可能性をつかみ取るために政治家を選び直すチャンスである。

投票率を１００％に近づけることができたら、どのような未来になるのだろうか？

カラダを使う人も、アタマを使う人も、その能力を発揮することができれば、その結果として、社会は良くなる。

一人ひとりが持っているものを提供し、還元し、循環していく仕組みにはならないだろうか？

訪ねた政治家事務所や選挙事務所が、勝利に恵まれなくとも、あなた自身が皆の役に立つことには間違いはない。

その喜びが、あなたの今後に少なからず影響を及ぼすと確信している。

いまの出来事に一喜一憂していると、それが残念ながら過去の経験値として蓄積され、その経験値が未来に反映されてしまうのである。

未来においても、相変わらず一喜一憂しているあなた自身とあなたが出会うことになる。これも、ほぼ間違いがない事実である。

アタマのなかにある知識を、知価に変えられるところが選挙である。

自分の得意なことを活かせるところが選挙である。

あなたのこれまでの経験のすべてが活かされるので、無駄なことは一つもないのだ。

いままで誰にも評価されなかったとしても、あなたを必要としている場所はある。

もしかしたら、あなた自身も自分の可能性に気がついていないかもしれない。

身体の特徴が少しだけ違うように、得意なことが他人と少しだけ違うだけ。だけど、それこそがその人の特徴であって、未来にはその違いがとても重要なものになる。

政治家を目指すとは、選ばれる人になることだ。

理想を持てば、どこかでギャップに悩まされることになるだろう。

その問題意識こそ、政治家の資質である。

それはもしかしたら怒りのエネルギーに似ているかもしれない。

そのエネルギーを変換できる機会が選挙でもある。

友達の定義は人によって違う。そもそも友達に定義など不要なのかもしれない。友達や、知り合いの数は数えられるが、その人とどれだけ仲良しなのかは測れない。お互いに親友と認めていたら、それは親友だ。政治家を目指すなら親友をたくさんつくってほしい。あなたが親友と言えば、お友達が親友になる。

本書でおわかりの通り、私が選挙で投票してくれた人の数を数えるのにこだわっているのは、人数が数えられるものだからにほかならない。

すべての有権者が同じように一票を持っているし、一票しか持っていない。誰かが偉くて、誰かが偉くないわけではない。

あなたの一票で明日はつくられる。
あなたの行動で明日はつくられる。

今日は、明日を変えるためにある。明日は、かならず明るい。

エピローグ

私は、選挙を、人を選ぶものにしたい。

もし仮に、政党の推薦や公認がなく、立候補者全員が無所属で立候補したらどうなるか。

有権者は、家から近い人、年齢が近い人、同性を選ぶかもしれない。

政治は人である。

政策を見ていただき、長年のさまざまな活動を見ていただき、さまざまな事柄を参考にしていただいた上で、最後は人となりになる。

信頼できる人か、政策をしっかり実行できる人か、地域の未来に力になれる人か、地域の代表として恥ずかしくない人か……。

限られた情報のなかから、人が、人を選ぶことは難しい。

だから、何度も選挙がある。選挙とは政治家を選び直すことだ。

政治家は、政治活動を通じて、行政機関から高い能力が評価され、地域活動により地元の多くの方々から厚い信頼を得て、友情の輪が広がり、そして未来をつくる政策と実行力で、この地に恩返しをする。

国会議員とて、政治家は地域から選ばれる。

故郷を離れる人がいる。

日本を離れて仕事する人がいる。そのまま海外に暮らす人もいる。

政治家は、故郷の政治家だからこそ、人で選べるようにするのだ。


私は選挙を通して、「本音と建前が一致している社会」を実現したい。

実現するためには、〝比較しない〟こと、〝評価しない〟ことが重要だ。

〝競争していない人〟〝壁をつくらない人〟〝自分のことは二の次の人〟が政治の現場にもっと必要だ。

〝感性と良心に従い行動する〟〝自分自身の手柄にはしない〟、そういった人こそ、政治の道を考えてほしい。

そして、政治家には、もっと話しかけやすい人になってほしい。

政治は人任せにするものではない。選挙運動は一部の人だけでやるものではないのだ。

この本を書くにあたり、私の根底にあるものは、投票率を高くしたい、公共の政治を実現したいという思いである。

体力を必要とする選挙戦が、女性の政界進出を阻んできたとするならば、インターネット選挙運動は女性議員を増やすことができるかもしれない。そして、若い人を、たくさん選挙スタッフに巻き込めるかもしれない。

これまで、政治に縁遠かった人たちを、ネット選挙は投票される人、投票する人に変えられるかもしれない。


政治家になれば、信じられないくらい多くの情報が入ってくる。

政治家にはその情報を、本当のこと、正しいこと、これからのこと、みんなのことに使ってほしい。

そして私は政治家に公共の政治を実現してほしいと思っている。公共の政治とは、生活者の政治である。

生活者の政治とは納税者、消費者、働く人たちの政治である。

日本に観光客がたくさん来るのは、もちろん治安が良いからだが、他に三つの理由がある。

一、身分、階級、宗教の違いにかかわらず、どの観光地でも入って観ることができる

二、身分、階級、宗教の違いにかかわらず、どのお店でも入って買い物することができる

三、身分、階級、宗教の違いにかかわらず、どの飲食店でも入ってご飯を食べることができる

この三つのすべてが可能な国は珍しい。みんなの政治家、生活者の政治家がもっと増えればもっと日本が良くなる。

自分でも、40年以上に渡りなぜ選挙のお手伝いをしているのか不思議でならない。ただ言えることは、たくさんの出会いの中で、良い政治家を応援することが、〝いい国づくりに繋がる〟と、考えてきたからに他ならない。

もちろん、ともに選挙戦を戦ってくれた全国の戦友の皆さんのおかげもある。そして何より決死の覚悟で出馬を決意し、カラダを張って選挙戦を戦った立候補者の方々がいてこそ、いまの私が存在していることに間違いはない。心より感謝する。困ったときに手助けしてくれる、チーム結の才能あふれる愉快な仲間の皆さん、無理難題を最新の情報やテクノロジーを使って問題点を解決してくれて、感謝の言葉もない。これからもどうぞよろしくお願い申し上げる次第である。

最後に、本書を書くにあたって、きっかけをつくっていただいた中央大学名誉教授の佐々木信夫先生には筆がすすまず大変ご心配をおかけした。ここに記し、あらためて感謝申し上げたい。

資料整理をしてくれた、インターン生の皆さんにも御礼申し上げる。

また、帯の顔写真を提供してくれた、射場本健彦さんにも御礼申し上げる。

そして、文章を精査してくれた津下鉄平さんには大変なご苦労をおかけした。衷心より感謝申し上げる。

そうして何よりも、出版を引き受けてくださった平凡社の下中順平さん、根気よく編集を担当してくださった安井梨恵子さんには、大変なご尽力をいただいた。心より御礼申し上げたい。

2023年6月

弥栄《いやさか》を願いつつ

選挙プランナー　野澤髙一

付録　公職選挙法改正年譜

注　用語の修正等の軽微な改正は省略
＊以下同法名省略

改正	改正趣旨・理由	内容
平成元年一一月一七日法律第六九号〔第二六次改正〕　公職選挙法の一部を改正する法律＊	指定都市の区の新設に関し、衆議院議員の選挙区について、その急激な変更を緩和しようとするもの	衆議院議員の二以上の選挙区にわたって新たに設置された指定都市の区に係る衆議院議員の選挙区については、当該区が設置された日以後二度目に行われる衆議院議員の総選挙前に行われる衆議院議員の選挙に限り、なお従前の区域による
平成元年一二月一九日法律第八一号〔第二七次改正〕	最近における政治活動等の実情にかんがみ、金のかからない政治の実現と選挙の公正の確保に資するため、公職の候補者等が行う寄附の禁止の強化等所要の改正を行おうとするもの	①候補者等が行う政治教育のための集会における食事の実費補償についてはこれを禁止するものとし、あわせて、公職選挙法第一九九条の二に違反する寄附については、候補者等がみずから出席する結婚披露宴及び葬式等に係る祝儀、香典等の供与を除き、すべて罰則の対象とする ②後援団体がその選挙区内にある者に対する寄附については、花輪、供花、香典等の寄附及びこれらの寄附以外のものであっても後援団体がその設立目的により行う行事または事業に関して行うものではない寄附をすることをその寄附の時期を問わず禁止するものとし、その違反については罰則の対象とする ③候補者等は、選挙区内にある者に対し、答礼のための自筆によるものを除き、年賀状、寒中見舞い状等のあいさつ状、電報等を出してはならない ④候補者等及び後援団体は、選挙区内にある者に対するあいさつを目的とする広告を有料で新聞紙等に掲載させ、またはテレビ・ラジオにより放送させることができないものとし、これに違反した者及び威迫をもってこれを要求した者について罰則を設ける
平成四年一二月一六日法律第九七号〔第二八次改正〕	衆議院議員の定数配分につき、最大三・三八倍にもなっている格差の現状やこれまでの最高裁判決の考え方等に照らして考えるとき、定数是正をこれ以上放置しておくことは許されず、一刻も早く是正を行うことが立法府としての責任	衆議院議員の選挙について、当分の間、総定数を五一一人とすること、九選挙区においてその定数を各一名増員し、一〇選挙区において各一名減員すること、及び、その定数がゼロとなる奄美群島選挙区については、当分の間、鹿児島県第一区に属するものとすることを内容とするもの ➡本改正により、選挙区間の最大格差は現在の三・三八倍から二・七七倍となる
平成四年一二月一六日法律第九八号〔第二九	最近における選挙運動等の実情にかんがみ、適正な選挙制度の実現を図るため、公職にある間に収賄罪を犯し刑に処せられた者に係る公民権の停	①収賄罪を犯し刑に処せられた者に係る公民権の停止 公職にある間に犯した収賄罪により刑に処せられその刑の執行猶予中の者は、選挙権及び被選挙権を有しない

改正	改正趣旨・理由	内容
次改正）	止、選挙運動期間の短縮、供託金の額の引き上げ、選挙公営の拡大、政治活動のために使用される文書図画の掲示に関する規制、報酬支給の対象となる選挙運動従事者の増員、当選人等に係る刑事裁判の迅速化等、所要の改正を行おうとするもの	②選挙運動期間の短縮 (1)衆議院議員の選挙については一五日間を一四日間 (2)参議院議員の選挙については一八日間を一七日間 (3)都道府県知事の選挙については二〇日間を一七日間 (4)指定都市の長の選挙については一五日間を一四日間 にそれぞれ短縮する ③供託金の額の引き上げ 　各選挙の供託金の額につき、実態に合わせてそれぞれ引き上げる ④選挙公営の拡大 (1)国政選挙につき、衆議院議員及び参議院選挙区選出議員の選挙において、公職の候補者は、その者に係る供託物が国庫に帰属することとならない場合に限り、一定の額の範囲内で、選挙運動用通常はがき、選挙事務所表示用立て札・看板等を無料で作成することができる (2)地方選挙につき、都道府県の議会の議員並びに市町村の議会の議員及び長の選挙においては、選挙運動用通常はがきは無料とすることとし、都道府県及び市の議会の議員及び長の選挙においては、当該地方公共団体は、当該公職の候補者の選挙運動用自動車の使用及び選挙運動用ポスター等の作成について、その者に係る供託物が当該地方公共団体に帰属することとならない場合に限り、国政選挙の場合に準じて、条例で定めるところにより、これを無料とすることができる ⑤政治活動のために使用される文書図画の掲示に関する規制 　公職の候補者等の政治活動のために使用される当該公職の候補者等の氏名または氏名が類推されるような事項を表示するポスター及び後援団体の政治活動のために使用される当該後援団体の名称を表示するポスターについては、その表面に掲示責任者及び印刷者の氏名及び住所を記載しなければ、これを掲示することができない ⑥報酬支給の対象となる選挙運動従事者の増員 　報酬支給の対象となる選挙運動のために使用する事務員及び車上運動員の数の上限を五〇人とする ⑦当選人等に係る刑事裁判の迅速化 　いわゆる百日裁判の対象となる刑事訴訟については、裁判長は、第一回の公判期日前に、審理に必要と見込まれる公判期日を一括して定める

平成六年二月四日法律第二号〔第三〇次改正〕

政策本位及び政党本位の選挙の実現を図るため、衆議院議員の選挙について、小選挙区比例代表並立制を採用し、総定数を五百人とするとともに、候補者を届け出ることができる政党の要件や政党が行う選挙運動等に関する規定を整備し、あわせて、腐敗防止のために連座制の強化その他所要の改正を行おうとするもの

第一、衆議院議員の選挙制度に関する事項
①選挙制度の基本的仕組みとして小選挙区比例代表並立制を採用する
②衆議院議員の定数について
総定数は五〇〇人とすることとし、二七四人を小選挙区選出議員、二二六人を比例代表選出議員とする
③選挙区等について
(1)小選挙区選出議員は、定数一人の各選挙区において選挙することとし、その選挙区は別に法律で定める
(2)比例代表選出議員は全国を通じて選挙する
④投票について
投票は記号式投票の方法により行う
⑤立候補について
(1)小選挙区選出議員の選挙における候補者の届け出については、所属国会議員五人以上を有すること又は直近における衆議院議員の総選挙もしくは参議院議員の通常選挙の得票率が百分の三以上であることのいずれかに該当する政党その他の政治団体が行うことができる他、本人届け出または推薦届け出もできる
(2)比例代表選出議員の選挙における候補者名簿の届け出については、小選挙区選出議員の選挙において候補者の届け出ができる政党その他の政治団体及び名簿登載者を三〇人以上有する政党その他の政治団体が行うことができる
(3)小選挙区選出議員の選挙において候補者の届け出ができる政党その他の政治団体は、その届け出に係る候補者を名簿登載者とすることができる、いわゆる重複立候補を認める
⑥当選人について
(1)小選挙区選出議員の選挙については、有効投票の最多数を得た者をもって当選人とする。ただし有効投票の総数の六分の一以上の得票がなければならない
(2)比例代表選出議員の選挙については、有効投票の総数の百分の三以上の得票があった名簿届け国政党等に限り、ドント式によりその当選人の数を定め、重複立候補者で小選挙区選出議員の選挙の当選人とされたものを除き、名簿の順位に従い当選人とする
⑦選挙運動について
(1)小選挙区選出議員の選挙においては、候補者個人のほかに、候補者届け出政党についても、原則として候補者を届け出た都道府県ごとに当該都道府県における届け出候補者の数に応じて、一定の選挙運動を認める

改正	改正趣旨・理由	内容
		(2)比例代表選出議員の選挙においては、名簿届け出政党等に、原則として名簿登載者の数に応じて、一定の選挙運動を認める (3)衆議院議員の選挙運動の期間を現行の一四日から一二日に短縮する ⑧罰則について 公職にある間に収賄罪を犯し実刑に処せられた者は、実刑期間に加えて、その後の五年間、選挙権及び被選挙権を有しないこととする 第二、戸別訪問の自由化に関する事項 午前八時から午後八時までの間に限り、選挙に関し、戸別訪問をすることができる 第三、あいさつ状の禁止の強化に関する事項 候補者及び立候補予定者は、当該選挙区内にある者に対し、答礼のための自筆によるものを除き、慶弔、激励、感謝その他これらに類するもののための電報等を含むあいさつ状を出してはならない 第四、連座制の強化に関する事項 ①立候補予定者の親族並びに候補者及び立候補予定者の秘書を新たに連座制の対象とするとともに、親族、秘書が禁錮以上の刑に処せられたときは、執行猶予の言い渡しを受けた場合でも、連座制の適用がある ②また、連座制の効果について、当選無効に加えて、連座裁判の確定等のときから五年間、立候補制限を課する ③このほか、罰金額を二・五倍以上に引き上げるなど所要の改正を行う 第五、公職の候補者等及び後援団体の政治活動のために使用されるポスターについて 衆議院議員の総選挙にあっては解散の日の翌日または任期満了の日の六カ月前から、参議院議員の通常選挙等にあっては任期満了の日の六カ月前から、補欠選挙等にあっては当該選挙を行うべき事由が生じた旨を告示した日の翌日から、当該選挙の期日までの間、当該選挙区内において掲示することができない
平成六年三月一一日法律第一〇号　公職選挙法の一部を改正する法律の一	平成六年法律第二号を含む政治改革関連法案が、さきの第一二八回国会において両院協議会成案を得て成立したが、両院協議会成案が得られるに至った経緯とその趣旨を踏まえて、ここに関係各法律の改正を行おうとするもの	①衆議院議員の選挙制度について (1)衆議院議員の定数につき、小選挙区選出議員を三〇〇人、比例代表選出議員を二〇〇人に改める (2)比例代表選出議員の選挙につき、全都道府県の区域を一一に分けた各選挙区において行う。一一の選挙区は、北海道、東北、北関東、南関東、東京都、北

部を改正する法律

陸信越、東海、近畿、中国、四国及び九州。なお、比例代表選出議員の選挙は、中央選挙管理会がこれを管理する

(3)小選挙区選出議員の選挙において候補者の届け出ができる政党その他の政治団体は、所属国会議員を五人以上有するもの、または直近の衆議院議員の総選挙もしくは参議院議員の通常選挙における得票率が百分の二以上であるものに改める

(4)比例代表選出議員の選挙において名簿の届け出ができる政党その他の政治団体は、小選挙区選出議員の選挙において候補者の届け出ができる政党その他の政治団体のほか、名簿登載者数が当該選挙区の定数の十分の二以上であるものに改める

なお、重複立候補は比例代表選出議員の選挙の選挙区の区域内の小選挙区に係る候補者についてできることとするとともに、名簿登載者の数は、重複立候補者を除き、選挙区ごとに当該選挙区において選挙すべき議員の数を超えることができないこととし、また、比例代表選出議員の選挙についていわゆる阻止条項は設けないこととする

(5)以上のほか再選挙等の特別選挙及び選挙運動に関し所要の規定の整備を行う

②戸別訪問について、何人も選挙に関し戸別訪問をすることができないこととする

③あいさつ状の禁止について、公職の候補者等が選挙区内にある者に対して出してはならないあいさつ状は、答礼のための自筆によるものを除き、年賀状、寒中見舞い状、暑中見舞い状その他これらに類するものとする

平成六年六月二九日法律第四七号　公職選挙法等の一部を改正する法律

参議院選挙区選出議員の選挙における選挙区間の人口と定数の不均衡を是正するため、各選挙区において選挙すべき議員の数を改めるとともに、衆議院議員の選挙制度改正に関連して参議院比例代表選出議員の選挙における参議院名簿届出政党等の得票率要件を百分の二以上とする等の必要がある

①参議院選挙区選出議員の各選挙区の定数の配分

(1)宮城県を二人区から四人区に、埼玉県を四人区から六人区に、神奈川県を四人区から六人区に、岐阜県を二人区から四人区に、それぞれ増員する

(2)北海道を八人区から四人区に、兵庫県を六人区から四人区に、福岡県を六人区から四人区に、それぞれ減員する

➡本改正により、選挙区選出議員の議員一人当たり人口の選挙区間格差は、平成二年国勢調査人口において、最大で一対四・八一に縮小する

②参議院比例代表選出議員の選挙における名簿届け出政党等の得票率要件

直近における衆議院議員の総選挙または参議院議員の通常選挙における当該政党等の得票総数が有効投票総数の百分の四以上であることから百分の二以上であることに緩和する

改正	改正趣旨・理由	内容
		③参議院の名簿届け出政党等が行う新聞広告の公費負担 政党等の当該選挙における得票総数が有効投票総数の百分の一以上である場合に限る
平成六年一一月二五日法律第一〇四号　公職選挙法の一部を改正する法律の一部を改正する法律	衆議院議員選挙区画定審議会が行った衆議院小選挙区選出議員の選挙区の画定案についての勧告を受け、衆議院小選挙区選出議員の選挙区を定め、あわせて、所要の規定の整備を行おうとするもの	衆議院小選挙区選出議員の選挙区について、衆議院議員選挙区画定審議会の勧告のまま画定する
平成六年一一月二五日法律第一〇五号〔第三一次改正〕	連座制を強化して選挙浄化の徹底を期するため、組織的選挙運動管理者等に係る連座制を創設するとともに、重複立候補者に対する連座制の強化を図る	①組織的選挙運動管理者等に係る連座制の強化 (1)候補者等と意思を通じて組織により行われる選挙運動において、選挙運動の計画の立案、調整または選挙運動に従事する者の指揮、監督その他選挙運動の管理を行う者を「組織的選挙運動管理者等」として位置づけ、組織的選挙運動管理者等が買収罪等を犯して禁錮以上の刑に処せられたときは、執行猶予の言い渡しを受けた場合を含め、候補者等の当選は無効とするとともに、連座裁判の確定のときから五年間、当該選挙区において行われる当該公職の選挙について、当該候補者等の立候補を制限する また、この場合において、当該候補者等が衆議院議員の選挙における重複立候補者であって、比例代表選挙の当選人となったときは、当該比例代表選挙の当選は無効とする (2)組織的選挙運動管理者等に係る連座制の適用の免責について 組織的選挙運動管理者等の買収罪等に該当する行為がおとりもしくは寝返りにより行われたものであるとき、または買収罪等に該当する行為を防止するため候補者等が相当の注意を怠らなかったときは、連座制を適用しない ②重複立候補者に対する連座制の強化 前記の組織的選挙運動管理者等に係る連座制以外の連座制についても、重複立候補者が比例代表選挙の当選人となった場合において、当該当選人について小選挙区選挙において連座制の適用があるときは、当該比例代表選挙の当選は無効とする。この場合において、連座制の対象となる罪に該当する行為がおとりまたは寝返りにより行われたものであるときは、当該当選は無効としない

平成七年一二月二〇日法律第一三五号〔第三二次改正〕	さきの公職選挙法の改正により、衆議院議員の選挙の投票方法は、投票用紙に印刷される候補者等の氏名等の上の○をつける欄に○の記号をつける、いわゆる記号式に改められた。しかし、①同じ国政選挙である衆議院議員選挙と参議院議員選挙で投票方法を異なるものとした場合、有権者に戸惑いを与え、いたずらに混乱を招くおそれがあり、少なくとも衆議院議員選挙と参議院議員選挙においては同一のものとすることが適当である。また、②衆議院議員の選挙において、立候補者数または名簿届出政党数が多数となる選挙区が生じることが予想されるが、この場合、記号式投票では、有権者が投票用紙の中から投票しようとする候補者あるいは政党を見つけ出すことは容易でなく、かえって有権者に無用な混乱を与えるおそれがある。さらに、③選挙管理委員会の実務に関して、立候補の届け出の締め切り後に候補者名、政党名の入った投票用紙を調製しなければならないことや、記号式投票では一見してどの候補者、政党への投票かがわからないため、開票作業に時間がかかることなどの問題が生じるおそれがある。とりわけ、補充立候補事由が生じた場合には、補充立候補の届け出を待って投票用紙の再調製を行わなければならないため、選挙管理委員会は時間的に厳しい制約を受けることになるなど、選挙管理委員会に過重な負担をかけること等の理由から、自書式投票に改めようとするもの	衆議院議員の選挙の投票は、自書式投票の方法により、それぞれ、小選挙区選出議員の選挙については候補者一人の氏名を、比例代表選出議員の選挙については一の衆議院名簿届出政党等の名称または略称を自書して行う
平成八年六月二六日法律第一〇二号〔第三三次改正〕	衆議院議員の選挙制度について、政党中心、政策本位の選挙の実現を図るという基本的な考え方を維持しつつ、公正で金のかからない選挙の実現に資するため、選挙運動の方法や数量に関し合理化を図る	①小選挙区選出議員の選挙において候補者届け出政党が使用することができる自動車または船舶及び拡声機について (1)都道府県ごとに、届け出候補者数が三人を超える場合、その超える数が五人を増すごとに自動車一台または船舶一隻及び拡声機一そろいを追加して使用することができることとされているが、その超える数五人を一〇人に改める

改正

改正趣旨・理由

内容

(2)拡声機には携帯用の拡声機を含む旨を明らかにする

②小選挙区選出議員の選挙において候補者届け出政党が頒布することができる通常はがきの枚数

現行法では、都道府県ごとに、三万五千枚に当該都道府県における届け出候補者数を乗じて得た数とされているが、この三万五千枚を二万枚に削減する

③ビラについて

(1)小選挙区選出議員の選挙において候補者届け出政党が頒布することができるビラの枚数は、現行法では、都道府県ごとに、七万枚に当該都道府県における届け出候補者数を乗じて得た数とされているが、この七万枚を四万枚に削減するとともに、各小選挙区において頒布することができるビラの枚数は、候補者を届け出た小選挙区ごとに四万枚を限度とする

(2)新たに候補者届け出政党が頒布するビラの規格について一定の制限を設ける

(3)比例代表選出議員の選挙において名簿届け出政党等が頒布することができるビラについては、現行法では、選挙区ごとに、三種類以内とされているが、これを二種類以内に制限する

④ポスターについて

(1)小選挙区選出議員の選挙において候補者届け出政党が掲示することができるポスターの枚数は、現行法では、都道府県ごとに、千五百枚に当該都道府県における届け出候補者数を乗じて得た数とされているが、この千五百枚を千枚に削減するとともに、各小選挙区において掲示することができるポスターの枚数は、候補者を届け出た小選挙区ごとに千枚を限度とする

(2)比例代表選出議員の選挙において名簿届け出政党等が掲示することができるポスターの枚数は、現行法では、七五〇枚に当該選挙区における名簿登載者数を乗じて得た数とされているが、この七五〇枚を五〇〇枚に削減するとともに、新たに、その種類を三種類以内に制限する

⑤小選挙区選出議員の選挙において候補者届け出政党が行う政見放送について現行法では、候補者届け出政党が行う政見放送の時間数は、都道府県ごとに、届け出候補者数に応じて定めることとされているが、よりきめ細かく届け出候補者数に応じて政見放送の時間数を定めることとするよう所要の措置を講ずる

⑥小選挙区選出議員の選挙において候補者届け出政党が開催する政党演説会及び比例代表選出議員の選挙において名簿届け出政党等が開催する政党等演説会

		について 現行法では、開催回数についての制限はないが、新たに、これらの演説会を同時に開催する場合の箇所数について、政党演説会にあっては、都道府県ごとに、二に当該都道府県における届け出候補者数を乗じて得た数以内に制限するとともに、各小選挙区においては候補者を届け出た小選挙区ごとに二を限度とすることとし、また、政党等演説会にあっては、比例代表選挙の選挙区ごとに、八以内に制限する
平成九年六月二〇日法律第九三号〔第三四次改正〕	現行の公職選挙法においては、地方公共団体の議会の議員の任期満了による一般選挙及び長の任期満了による選挙は、それぞれ任期満了の日前三〇日以内に行うこととされている。このため、同一の地方公共団体において、議員及び長が比較的近い時期に任期満了となる場合であっても、任期満了の日が三〇日以上離れている場合には、これらの選挙を同時に行うことができず、それぞれ別個の期日に行わなければならない そこで、投票率の向上と有権者の利便を図るとともに、選挙管理費用の節減に資する見地から、同一の地方公共団体の議会の議員及び長のうち一方の任期が他方の任期満了の日前九〇日以内に満了する場合には、四年ごとに行われているいわゆる統一地方選挙の例に準じて、議員の任期満了による一般選挙と長の任期満了による選挙を同時に行うことができるようにしようとするもの	①選挙期日の特例について 地方公共団体の議会の議員の任期が当該地方公共団体の長の任期満了の日前九〇日以内に満了する場合において、議員の任期満了による一般選挙と長の任期満了による選挙を同時に行おうとするときは、これらの選挙は、長の任期満了の日前五〇日に当たる日または議員の任期満了の日前三〇日に当たる日のいずれか遅い日から、議員の任期満了の日後五〇日に当たる日または長の任期満了の日のいずれか早い日までの間に行うことができる また、地方公共団体の長の任期が当該地方公共団体の議会の議員の任期満了の日前九〇日以内に満了する場合についても、これと同様に行うことができる ②同時に選挙を行う旨の告示について 都道府県の選挙管理委員会または市町村の選挙管理委員会は、前記の場合に同時に選挙を行おうとする場合には、議員または長のうちその任期が先に満了する日前六〇日までにその旨を告示しなければならない また、市町村の選挙管理委員会が告示をした場合には、直ちにその旨を都道府県の選挙管理委員会に届け出なければならない ③以上のほか、告示がなされた後に同時に選挙を行うことができなくなった場合における選挙期日の特例、後援団体に関する寄附等の禁止期間の特例等、所要の規定を設ける
平成九年一二月一九日法律第一二七号〔第三五次改正〕	最近の各選挙における投票率の低下傾向にかんがみ、選挙人が投票をしやすい環境を整えるため、選挙人名簿の定時登録の回数の増加、投票時間の延長、不在者投票制度の改善等の措置を講ずるとともに、衆議院議員の任期満了による総選挙及び参議院議員の通常選挙の選挙期日に関する規定を改めるほか、選挙に関する事務の簡素合理化等を	①選挙人名簿 (1)選挙人名簿の定時登録は、現在、年一回行うこととされているが、登録漏れをできる限り少なくし、選挙権行使の機会をより確保するため、これを年四回に増加する (2)選挙人名簿の様式は現在カード式に限られているが、事務の効率化を図る観点から、この制限を廃止するとともに、選挙人名簿を磁気ディスクによって調製することもできることとする

改正	改正趣旨・理由	内容
	図ろうとするもの	②衆議院議員の任期満了による総選挙及び参議院議員の通常選挙の選挙期日 これらの選挙を行うべき期間が国会開会中または国会閉会の日から二三日以内にかかる場合には、その総選挙及び通常選挙は国会閉会の日から二四日以後三〇日以内に行う ③投票時間 投票時間は、現在原則として午前七時から午後六時までとされているが、通勤者等の便宜を考慮して、これを二時間延長し、原則として午前七時から午後八時までとする ④不在者投票 選挙人が利用しやすい不在者投票制度とするため、不在者投票事由を緩和するとともに、不在者投票をすることができる時間を原則として三時間延長し、午前八時三〇分から午後八時までとする ⑤以上のほか、候補者届け出等の際の添付書類の簡素化、選挙公報掲載文の字数制限の廃止、参議院通常選挙における確認団体の公営による政策広告の廃止等を行う
平成一〇年五月六日法律第四七号〔第三六次改正〕	国際社会における我が国が果たすべき役割の増大に伴い、国外に多数の国民が居住している現状にかんがみ、これらの国民の選挙権行使の機会を保障するため、在外選挙人名簿の登録制度及び在外投票制度を創設しようとするもの	①在外選挙人名簿の登録 引き続き三カ月以上国外に住所を有する選挙人は所轄の領事官を経由して最終住所地の市町村の選挙管理委員会に、その者がいずれの市町村の住民基本台帳にも記録されたことがない者等である場合には本籍地の市町村の選挙管理委員会に、在外選挙人名簿の登録の申請をすることができる 市町村の選挙管理委員会は、登録の申請をした者が当該市町村の在外選挙人名簿に登録される資格を有する者である場合には、その者を在外選挙人名簿に登録するとともに在外選挙人証を交付する ②在外投票 在外選挙人名簿に登録されている選挙人で、衆議院議員または参議院議員の選挙において投票しようとする者は、衆議院議員または参議院議員の選挙の期日の公示または告示の日から原則として選挙の期日前五日までの間に、みずから在外公館の長の管理する投票を記載する場所に行き、在外選挙人証等を提示して投票しなければならない。また、在外公館における投票を行うことが困難である在外公館の所轄区域内に居住する者は、郵便による投票を行うことができる。さらに、在外選挙人名簿に登録された選挙人が帰国したときは、一定の

		期間、市町村の選挙管理委員会において投票を行うことができる。なお、これらの投票は、それぞれ在外選挙人名簿に登録されている市町村の選挙管理委員会に送付され、国内での投票とあわせて開票する。また、国外に居住する選挙人へ候補者個人に関する情報を伝達することは極めて困難であること等を勘案して、衆議院議員または参議院議員の選挙のうち、当分の間は比例代表選出議員選挙に限って行う ③国外における選挙の公正を確保するため、買収罪、選挙の自由妨害罪、詐偽投票罪、公務員等の選挙運動の制限違反の罪及びこれらに類する罪は、国外においてその罪を犯した日本国民に適用する ④国外における選挙という性格にかんがみ、天災等の避けることができない事故等により在外投票を期間内に行うことができない場合の措置等所要の特例を設ける ⑤以上のほか、在外選挙人名簿の調製に要する経費等について必要な財政措置を講ずる等の措置を行い、選挙の円滑な執行を図る
平成一一年八月一三日法律第一二二号〔第三七次改正〕	①政治に対する国民の信頼を高めるため、公職にある間に犯した収賄罪等の罪で刑に処せられた者につき被選挙権の停止期間を加重すべきである ②船舶が外洋を航行中である場合、現行の制度では、不在者投票用紙の送致が困難であるという問題がある ③現行法は選挙期間中の新たな掲示に対する規制については存在するが、公示または告示の前に掲示してある政党の政治活動用ポスターには規制が及んでおらず、これに対処する必要性がある	①政治に対する国民の信頼を高めるため、公職にある間に犯した収賄罪等の罪で刑に処せられた者の被選挙権の停止期間をさらに五年間延長する ②船員である選挙人のうち選挙の当日遠洋区域を航行する船舶において職務に従事すると見込まれる者に衆議院議員の総選挙及び参議院議員の通常選挙における投票の機会を与えるため、船舶において投票の記載をし、これをファクシミリ装置を用いて送信する方法による投票方法を設ける ③選挙運動の期間前に政党その他の政治活動を行う団体がその政治活動のために掲示したポスターに氏名等を記載された者が候補者となったときは、当該ポスターにつき撤去義務を課す
平成一二年二月九日法律第一号〔第三八次改正〕	国家公務員の定数削減や民間のリストラが進められている厳しい社会経済状況にかんがみ、国会議員みずからが改革の先頭に立って範を示し、各般の改革を求めるべきとの見地から、衆議院議員の定数を削減する必要がある	衆議院議員の定数を二〇人削減して四八〇人に改め、そのうち一八〇人を比例代表選出議員の定数とする
平成一二年五月一七日法律第六	①選挙に対する国民の関心を喚起する等のため、再選挙及び補欠選挙は、原則として期日を統一し	して行う ①衆議院議員及び参議院議員の再選挙及び補欠選挙を原則として年二回に統一

改正	改正趣旨・理由	内容
二号〔第三九次改正〕	て行うべきである ②衆議院小選挙区選出議員または参議院選挙区選出議員を辞し、または辞したものとみなされた者が、当該欠員について行われる補欠選挙の候補者となることは、国民の理解が得られないことからこれを禁止すべきである ③現行制度においては、小選挙区選出議員選挙と比例代表選出議員選挙の重複立候補者は、小選挙区選出議員選挙の得票数にかかわらず比例代表選出議員選挙の当選人となることが可能となっているが、国民感情にそぐわないため、小選挙区選出議員選挙においてその得票数が法定得票数に達していない重複立候補者は、比例代表選出議員選挙の衆議院名簿に記載されていないものとみなすべきである（少数政党の実情に配慮する必要があるとの観点から、小選挙区選挙における得票数が供託物没収点に達していない重複立候補者に修正） ④現行制度においては、専ら手話通訳のために使用する者に対し報酬を支給することは認められていないが、選挙の実情にかんがみ、参議院比例代表選出議員の選挙以外の選挙においては、選挙運動に従事する者のうち、専ら手話通訳のために使用する者について、政令等で定める額の報酬を支給することができるとすべきである ⑤現行制度においては、衆議院議員選挙等一定の選挙の公示または告示の日から選挙の当日までの間は政党その他の政治活動を行う団体の発行する機関紙、雑誌の普及宣伝のための自動車及び拡声機の使用は一定の場合を除きできないこととされているが、書籍、パンフレットの普及宣伝のための自動車及び拡声機の使用は禁止されていない。	②衆議院小選挙区選出議員及び参議院選挙区選出議員たることを辞した者等はその辞職により生じた欠員について行われる補欠選挙の候補者となることができない ③衆議院小選挙区選挙において供託物没収点に達しなかった重複立候補者の比例代表選挙における当選を排除する ④選挙運動に従事する者のうち、専ら手話通訳のために使用する者に対して報酬を支給することができる ⑤政党その他の政治活動を行う団体の選挙における政治活動のうち、書籍及びパンフレットの普及宣伝のための自動車、拡声機等の使用について規制を設ける

	そのためこの形での使用が横行し選挙の公正を害している現状があり、これに対処する必要がある	
平成一二年五月一七日法律第六三号　国会法及び公職選挙法の一部を改正する法律	現行法においては衆議院議員及び参議院議員とも当選後、選挙のときに所属していた政党から他の政党に移動することには何らの制限も加えられていない。しかしながら、衆議院及び参議院の比例代表選出議員が当選後当該選挙で争った他の政党等に移動することは、有権者の意思に明らかに背くものであることから、これを禁止すべきである	衆議院または参議院の比例代表選挙の当選人は、その選挙の期日以後において、当該当選人が登載されていた名簿届け出政党等以外の当該選挙における他の名簿届け出政党等に所属する者となったときは、一定の場合を除き、当選を失う
平成一二年一一月一日法律第一一八号〔第四〇次改正〕	日本国憲法の定める二院制の下における参議院に期待されている役割にかんがみ、参議院の独自性・自主性をより発揮し、国民の多様な意思を反映した機能的かつ充実した議院の運営に資するため、比例代表選出議員の選挙制度を非拘束名簿式に改めるとともに参議院議員の定数について是正を含む削減を行う必要がある	①参議院議員の定数を現行の二五二人から一〇人を削減して二四二人とし、その内訳は、比例代表選出議員を一〇〇人から四人減じて九六人に、選挙区選出議員を一五二人から六人減じて一四六人にする ②参議院比例代表選出議員の選挙を非拘束名簿式比例代表制とする (1)政党は当選人となるべき順位を付さない名簿を届け出るものとし、選挙人は名簿登載者の氏名または政党の名称を自書する (2)当選人の決定につき、政党ごとに個人名及び政党名の得票数を合算した得票数に基づき各政党の当選人の数を定めるものとし、各政党における当選人となるべき順位は、その得票数の多い者から定める ③非拘束名簿式の導入に伴い、名簿登載者に対し一定の選挙運動を認めるものとし、これに伴い、いわゆる連座制を適用する
平成一四年七月三一日法律第九五号〔第四一次改正〕	衆議院議員選挙区画定審議会が行った衆議院小選挙区選出議員の選挙区の改定案についての勧告を受け、衆議院小選挙区選出議員の選挙区を改定する等の措置を講じようとするもの	①衆議院小選挙区選出議員の選挙区について、二〇都道府県において六八選挙区の改定を行う ②衆議院比例代表選出議員の各選挙区において選挙すべき議員の数について、南関東選挙区を現行二一人から二二人とし、近畿選挙区を現行三〇人から二九人とする
平成一四年一二月一三日法律第一四九号〔第四二次改正〕	地方公共団体の議会の議員及び長の選挙権に関する三箇月の住所要件について、廃置分合により消滅した市町村に住所を有した期間を通算することとするとともに、市の議会の議員並びに町村の議会の議員及び長の選挙において、その選挙の期日の告示の前に掲示された政党その他の政治活動を	①市町村の廃置分合に伴う選挙権に係る住所要件の特例に関する事項 (1)地方公共団体の議会の議員及び長の選挙権に関する三箇月の住所要件については廃置分合により消滅した市町村に住所を有した期間を通算するものとする (2)選挙人名簿の登録要件である住民基本台帳への三箇月の登載期間については、廃置分合により消滅した市町村の住民基本台帳に登載されていた期間を通算するものとする

改正	改正趣旨・理由	内容
	行う団体がその政治活動のために使用するポスターで、当該選挙の候補者の氏名等が記載されているものについて、他の選挙と同様の規制を行う必要がある	②選挙運動の期間前に掲示された政治活動用ポスターの撤去に関する事項 市の議会の議員並びに町村の議会の議員及び長の選挙については、当該選挙の期日の告示の前に政党その他の政治活動を行う団体がその政治活動のために使用するポスターを掲示した者は、当該ポスターにその氏名又はその氏名が類推されるような事項を記載された者が当該選挙において候補者となったときは、当該候補者となった日のうちに、当該選挙区（選挙区がないときには、選挙の行われる区域）において、当該ポスターを撤去しなければならないものとする
平成一五年六月一一日法律第六九号〔第四三次改正〕	選挙人の投票しやすい環境を整えるため、期日前投票制度を創設するとともに、在外投票について在外公館投票と郵便等投票とのいずれかの方法により行うことができることとし、あわせて、さいたま市に係る衆議院小選挙区選出議員の選挙区の改正を行うほか、所要の規定の整備を行う必要がある	①期日前投票に関する事項 ⑴期日前投票所における投票については、投票の当日に選挙権を有しない者は投票をすることができないものとする ⑵選挙の当日に投票することが困難であると見込まれる選挙人の投票については、当該選挙の期日の公示又は告示があった日の翌日から選挙の期日の前日までの間、期日前投票所において、行わせることができるものとする ②衆議院（小選挙区選出）議員の選挙区に関する事項 衆議院（小選挙区選出）議員の選挙区については、埼玉県第一区は岩槻市並びにさいたま市見沼区、浦和区及び緑区とし、埼玉県第五区はさいたま市西区、北区、大宮区及び中央区とし、埼玉県第一五区は蕨市、戸田市並びにさいたま市桜区及び南区とするものとする ③在外投票に関する事項 ⑴在外選挙人名簿に登録されている選挙人で、衆議院議員又は参議院議員の選挙において投票をしようとするものの投票については、次に掲げるいずれかの方法により行わせることができるものとする イ　衆議院議員又は参議院議員の選挙の期日の公示又は告示の日の翌日から選挙の期日前五日（投票の送致に日数を要する等特別の事情があると認められる場合は、あらかじめ指定する日）までの間に、自ら在外公館の長（特定の在外公館の長を除く）の管理する投票を記載する場所に行き、在外選挙人証等を提示して、投票用紙に投票の記載をし、これを封筒に入れて在外公館の長に提出する方法 ロ　当該選挙人の現在する場所において投票用紙に投票の記載をし、これを郵便等により送付する方法

		(2)在外選挙人名簿に登録されている選挙人で、一時帰国時に衆議院議員又は参議院議員の選挙において投票をしようとする場合において、国内の投票制度を利用して投票することができるものとする ④その他の事項 地方公共団体の議会の議員及び長の選挙について期日前投票所における投票を電磁的記録式投票機を用いて行うことができるようにするものとする
平成一五年七月二五日法律第一二七号〔第一四四次改正〕	身体に重度の障害がある選挙人について選挙権行使の機会を拡充するため、郵便等による不在者投票の対象者を拡大するとともに、郵便等による不在者投票をすることができる選挙人のうち自ら投票の記載をすることができないものとして政令で定めるものについて、代理記載の制度を設ける必要がある	①郵便等投票の対象者の拡大 郵便等による不在者投票をすることができる選挙人として、介護保険法第七条第三項に規定する要介護者であるもので政令で定めるものを加えるものとする ②郵便等投票における代理記載制度の導入 郵便等による不在者投票をすることができる選挙人で、郵便等の方法により投票をしようとするもののうち自ら投票の記載をすることができないものとして政令で定めるものは、政令で定めるところにより、あらかじめ市町村の選挙管理委員会の委員長に届け出た者（選挙権を有する者に限る）をして投票に関する記載をさせることができるものとする ③罰則 (1)②により投票に関する記載をすべき者が選挙人の指示する候補者の氏名等の記載をしなかったときは、二年以下の禁錮又は三〇万円以下の罰金に処するものとする (2)(1)のほか、②により投票に関する記載をすべき者が、投票を無効とする目的をもって、投票に関する記載をせず、又は虚偽の記載をしたときも、(1)と同様とするものとする
平成一五年一〇月一六日法律第一四〇号〔第一四五次改正〕	衆議院議員の総選挙又は参議院議員の通常選挙において、候補者届出政党若しくは衆議院名簿届出政党等又は参議院名簿届出政党等が、総務大臣に届け出た国政に関する重要政策等を記載したパンフレット等を、選挙運動のために頒布することができることとし、これにより国政選挙に当たって、各政党がいわゆる「政権公約」を国民に提示し、国政選挙がより一層政策に基づく政権選択の	①パンフレット又は書籍の頒布 (1) 衆議院議員の総選挙又は参議院議員の通常選挙においては、候補者届出政党若しくは衆議院名簿届出政党等又は参議院名簿届出政党等は、その本部において直接発行するパンフレット又は書籍で国政に関する重要政策及びこれを実現するための基本的な方策等を記載したもの又はこれらの要旨等を記載したものとして総務大臣に届け出たそれぞれ一種類のパンフレット又は書籍を、選挙運動のために頒布（散布を除く）することができるものとする (2)(1)のパンフレット又は書籍は、次に掲げる方法によらなければ、頒布する

改正	改正趣旨・理由	内容
	選挙となるようにしようとするもの	ことができないものとする イ　当該候補者届出政党若しくは衆議院名簿届出政党等又は参議院名簿届出政党等の選挙事務所内、政党演説会若しくは政党等演説会の会場内又は街頭演説の場所における頒布 ロ　当該候補者届出政党若しくは衆議院名簿届出政党等又は参議院名簿届出政党等に所属する公職の候補者等の選挙事務所内、個人演説会の会場内又は街頭演説の場所における頒布 (3)　(1)のパンフレット又は書籍には、当該候補者届出政党若しくは衆議院名簿届出政党等又は参議院名簿届出政党等の代表者を除き、その所属する公職の候補者等の氏名又はその氏名が類推されるような事項を記載することができないものとする (4)　(1)のパンフレット及び書籍には、その表紙に、当該候補者届出政党若しくは衆議院名簿届出政党等又は参議院名簿届出政党等の名称、頒布責任者及び印刷者の氏名及び住所並びに(1)のパンフレット又は書籍である旨を表示する記号を記載しなければならないものとする ②　罰則 候補者届出政党若しくは衆議院名簿届出政党等又は参議院名簿届出政党等が①に違反してパンフレット又は書籍を頒布したときは、その役職員又は構成員として当該違反行為をした者は、二年以下の禁錮又は五〇万円以下の罰金に処するものとする
平成一七年六月二九日法律第七二号〔第四六次改正〕	長野県木曽郡山口村の区域が岐阜県中津川市に編入されたことに伴い、衆議院（小選挙区選出）議員の選挙区及び衆議院（比例代表選出）議員の選挙区の改正を行う必要がある	長野県木曽郡山口村を廃止し、その区域を岐阜県中津川市の区域に編入する総務大臣の処分に係る区域については、衆議院小選挙区及び衆議院比例代表選挙区は従前の区域によるものとする公職選挙法第一三条第三項本文及び第五項の規定は適用しないこととすることにより、旧山口村の区域が属する選挙区を、衆議院小選挙区については長野県第四区から岐阜県第五区へ、衆議院比例代表選挙区については北陸信越選挙区から東海選挙区へ、それぞれ変更する
平成一八年六月七日法律第五二号〔第四七次改正〕	参議院選挙区選出議員の選挙について、選挙区間で人口と定数に係る不均衡が生じている状況にかんがみ、各選挙区において選挙すべき議員の数につき是正を行う必要がある	参議院選挙区選出議員の各選挙区の定数の配分につき、東京都選挙区の議員定数を八人から一〇人に、千葉県選挙区の議員定数を四人から六人にそれぞれ増員する一方、栃木県選挙区及び群馬県選挙区の議員定数を四人から二人にそれぞれ減員する。これにより、選挙区選出議員の選挙区間における議員一人当たり人口の較差は、平成一七年国勢調査の速報値において、最大で一対五・一八だ

		ったものが、最大で一対四・八四に縮小することになる
平成一八年六月一四日法律第六二号〔第四八次改正〕	衆議院小選挙区選出議員及び参議院選挙区選出議員の選挙を在外選挙の対象とするとともに、個人情報保護に対する意識の高まりに的確に対応するため、選挙人名簿の抄本の閲覧制度を見直す等の必要がある	①在外投票に関する事項 衆議院小選挙区選出議員及び参議院選挙区選出議員の選挙を在外選挙の対象とするとともに、在外公館投票の終了時期を選挙の期日前六日に改めるほか、衆議院議員または参議院議員の再選挙または補欠選挙における在外公館投票の期間等を定めることとする ②在外選挙人名簿の登録に関する事項 在外選挙人名簿の登録に関する三カ月の住所要件を満たす前の時点においても、在外選挙人名簿への登録申請をすることができることとする ③選挙人名簿の抄本の閲覧等に関する事項 選挙人名簿の抄本の閲覧が認められる場合を、 (1)選挙人が特定の者の登録の有無を確認する場合 (2)公職の候補者等、政党その他の政治団体が政治活動や選挙運動を行う場合 (3)報道機関や学術研究機関などが政治または選挙に関する世論調査や学術調査を行う場合の三つに法令上限定するとともに、閲覧の際の手続や、偽りその他不正の手段による閲覧に対する制裁措置等に関する規定を新たに設ける
平成一八年六月二三日法律第九三号〔第四九次改正〕	法律の規定に基づき国外に派遣される組織のうち当該組織において投票が適正に実施されると認められるものに属する選挙人の投票の機会を確保するため、これらの者に係る国外における不在者投票の制度を創設（すべての選挙が対象）するとともに、国が行う南極地域における科学的調査の業務を行う組織に属する選挙人の投票の機会を確保するため、これらの者に係る衆議院議員の総選挙又は参議院議員の通常選挙における投票についてファクシミリ装置を用いて送信する方法によることができるものとする必要がある	①国外における不在者投票制度の創設 法律の規定に基づき国外に派遣される組織のうち、その長が当該組織の運営について管理または調整を行うための法令に基づく権限を有すること、当該組織が国外の特定の施設または区域に滞在していることという二つの要件を満たす組織であって、当該組織において不在者投票が適正に実施されると認められるものとして政令で定めるものを特定国外派遣組織と定義する そして、この特定国外派遣組織に属する選挙人で国外に滞在するもののうち職務等のため選挙の当日投票することができないと見込まれるものの投票については、政令で定めるところにより、不在者投票の方法により行わせることができるものとする。国外における邦人の不在者投票は、国政選挙だけではなく地方選挙についても対象とする ②南極地域観測隊の隊員等のファクシミリ装置による投票について 南極地域観測隊の隊員等で、南極地域にある科学的調査の業務の用に供される施設または本邦とその施設との間において南極地域観測隊を輸送する船舶に滞在するもののうち職務等のため選挙の当日投票することができないと見込まれるものの衆議院議員の総選挙または参議院議員の通常選挙における投票につ

改正	改正趣旨・理由	内容
		いては、政令で定めるところにより、ファクシミリ装置を用いて送信する方法により行わせることができるものとする。
平成一九年二月二八日法律第三号〔第五〇次改正〕	地方選挙においては、現行法上、選挙運動のために頒布できる文書図画は、通常はがきのみが認められているが、地方公共団体の長の選挙において、候補者の政策等を有権者が知る機会を拡充するため、国政選挙と同様に、選挙運動用のビラの頒布を認める必要がある	①地方公共団体の長の選挙において、選挙運動のために使用するビラを頒布することができることとする (1)都道府県知事選挙にあっては、候補者一人について、選挙管理委員会に届け出た二種類以内のビラ一〇万枚（当該都道府県の衆議院小選挙区の数が一を超える場合には、その一を増すごとに、一万五千枚を一〇万枚に加えた数とし、その上限は三〇万枚とする） (2)指定都市の長の選挙にあっては、候補者一人について、選挙管理委員会に届け出た二種類以内のビラ七万枚 (3)指定都市以外の市長選挙にあっては、候補者一人について、選挙管理委員会に届け出た二種類以内のビラ一万六千枚 (4)町村長選挙にあっては、候補者一人について、選挙管理委員会に届け出た二種類以内のビラ五千枚 ②ビラの作成費用については、任意的選挙公営制度として、都道府県知事及び市長の選挙においては、それぞれ条例で定めるところにより、無料とすることができることとする
平成一九年六月一五日法律第八六号〔第五一次改正〕	衆議院比例代表選出議員の選挙において衆議院名簿届出政党等が標旗を掲げて街頭演説をすることができることとするとともに、参議院比例代表選出議員の選挙において公職の候補者たる参議院名簿登載者に交付する街頭演説用の標旗の数を増加させ、いわゆるマニフェストを頒布することができる場所を増加させようとするもの	①衆議院比例代表選出議員選挙において街頭演説を行うことができる場所の増加 (1)衆議院名簿届出政党等が標旗を掲げて街頭演説を行うことができるものとする (2)衆議院名簿届出政党等に交付する標旗の数は、その届け出た衆議院名簿に係る選挙区ごとに当該選挙区において選挙すべき議員の数に相当する数とする ②参議院比例代表選出議員選挙において街頭演説を行うことができる場所の増加 公職の候補者たる参議院名簿登載者に交付する街頭演説用の標旗の数を、現行の三から六に増加する
平成二四年一一月二六日法律第九四号〔第五二	参議院選挙区選出議員の選挙区間において議員一人当たりの人口に不均衡が生じている状況にかんがみ、各選挙区において選挙すべき議員の数につ	①参議院選挙区選出議員の選挙区の定数の改正 参議院選挙区選出議員の各選挙区において選挙すべき議員の数を、次に掲げる選挙区について改める

次改正〕	き是正を行うとともに、平成二十八年に行われる参議院議員の通常選挙に向けて、選挙制度の抜本的な見直しについて引き続き検討を行い、結論を得るものとする必要がある	選挙区 議員数 福島県 二人（現行四人） 神奈川県 八人（現行六人） 岐阜県 二人（現行四人） 大阪府 八人（現行六人） ②検討 平成二八年に行われる参議院議員の通常選挙に向けて、参議院の在り方、選挙区間における議員一人当たりの人口の較差の是正等を考慮しつつ選挙制度の抜本的な見直しについて引き続き検討を行い、結論を得るものとする
平成二四年一一月二六日法律第九五号　衆議院小選挙区選出議員の選挙区間における人口較差を緊急に是正するための公職選挙法及び衆議院議員選挙区画定審議会設置法の一部を改正する法律	衆議院小選挙区選出議員の選挙区をめぐる現状にかんがみ、平成二十二年の国勢調査の結果に基づく衆議院小選挙区選出議員の選挙区の改定案の作成に当たり、各選挙区間における人口較差を緊急に是正するため、公職選挙法及び衆議院議員選挙区画定審議会設置法の一部を改正する必要がある	①衆議院議員の定数を四七五人（現行四八〇人）とし、小選挙区選出議員を二九五人（現行三〇〇人）とする ②衆議院の小選挙区は、別に法律で定める
平成二五年四月二六日法律第一〇号〔第五三次改正〕	近年におけるインターネット等の普及に鑑み、選挙運動期間における候補者に関する情報の充実、有権者の政治参加の促進等を図るため、インターネット等を利用する方法による選挙運動を解禁する必要がある	①ウェブサイト等及び電子メールを利用する方法による選挙運動を解禁する。ただし、電子メールについては、送信主体を候補者・政党等に限定するとともに、送信先を限定する ②選挙運動用有料インターネット広告を禁止する。ただし、政党等は、選挙運動期間中、当該政党等の選挙運動用ウェブサイト等に直接リンクした有料インターネット広告を掲載させることができる ③インターネット等を利用した選挙期日後の挨拶行為及び屋内の演説会場内における映写を解禁する ④誹謗中傷・なりすまし対策として次の措置を講ずる (1)ウェブサイト等により選挙運動用又は落選運動用の文書図画を頒布する者に

改正	改正趣旨・理由	内容
		対し、電子メールアドレス等の表示を義務付けるとともに、選挙運動用又は落選運動用の電子メールの送信者に対し、氏名、電子メールアドレス等の表示を義務付ける (2)氏名等の虚偽表示罪の対象に、インターネット等を利用する方法による通信を加える (3)特定電気通信役務提供者の損害賠償責任の制限及び発信者情報の開示に関する法律について、発信者に対する削除同意照会期間の特例等を設ける (4)選挙に関しインターネット等を利用する者に対し、インターネット等の適正な利用についての努力義務を課す
平成二五年五月三一日法律第二一号　成年被後見人の選挙権の回復等のための公職選挙法等の一部を改正する法律	成年被後見人の選挙権等を回復するとともに、あわせて、選挙等の公正な実施を確保するため、代理投票における補助者の要件の適正化等の措置を講ずる必要がある	①成年被後見人に係る選挙権及び被選挙権の欠格条項の削除。成年被後見人は選挙権及び被選挙権を有しないものとする規定を削除する ②代理投票における補助者の要件の適正化等及び不在者投票における公正確保の努力義務 (1)代理投票の要件に係る条文上の表現を、「身体の故障又は文盲により自ら公職の候補者の氏名等を記載することができない」から「心身の故障その他の事由により自ら公職の候補者の氏名等を記載することができない」に改める (2)代理投票における補助者は、投票管理者が「投票所の事務に従事する者のうちから」定めるものとする (3)不在者投票管理者は、市町村の選挙管理委員会が選定した者を投票に立ち会わせることその他の方法により、不在者投票の公正な実施の確保に努めなければならないものとする。
平成二五年六月二八日法律第六八号　衆議院小選挙区選出議員の選挙区間における人口較差を緊急に是正するための公職選挙法及び衆議院議員選挙区画定	衆議院議員選挙区画定審議会が行った衆議院小選挙区選出議員の選挙区の改定案についての勧告を受けて、衆議院小選挙区選出議員の選挙区の改定を行う等の必要がある	衆議院小選挙区選出議員の選挙区について、平成二二年国勢調査の結果に基づき衆議院議員選挙区画定審議会が行った勧告を受け、当該勧告どおり、一七都県において四二選挙区の改定を行う

審議会設置法の一部を改正する法律の一部を改正する法律		
平成二五年一二月一一日法律第九三号〔第五四次改正〕	都道府県の議会の議員の選挙区について、郡の存在意義が大きく変質している現状等に鑑み、一定の要件の下で、市町村を単位として条例で選挙区を定めることができるようにするとともに、指定都市の区域においては、二以上の区域に分けた区域を選挙区の単位とする必要がある	①都道府県の議会の議員の選挙区は、 (1)一の市の区域 (2)一の市の区域と隣接する町村の区域を合わせた区域 (3)隣接する町村の区域を合わせた区域 のいずれかによることを基本とし、条例で定める ②①の選挙区は、その人口が議員一人当たりの人口（都道府県の人口を都道府県の議会の議員の定数で除して得た数）の半数以上になるようにしなければならない。この場合において、一の市の区域の人口が議員一人当たりの人口の半数に達しないときは、隣接する他の市町村の区域と合わせて一選挙区を設けるものとする ③一の市の区域の人口が議員一人当たりの人口の半数以上であっても議員一人当たりの人口に達しないときは、隣接する他の市町村の区域と合わせて一選挙区を設けることができる ④一の町村の区域の人口が議員一人当たりの人口の半数以上であるときは、当該町村の区域をもって一選挙区とすることができる ⑤指定都市に対し①から③までの規定を適用する場合における市の区域は、当該指定都市の区域を二以上の区域に分けた区域とし、この場合においては、区の区域を分割しないものとする
平成二七年六月一九日法律第四三号　公職選挙法等の一部を改正する法律	日本国憲法の改正手続に関する法律の一部を改正する法律（平成二六年法律第七五号）附則第三項の規定により必要な措置を講ずることとされている事項に関し、年齢満一八年以上満二〇年未満の者が国政選挙に参加することができること等とするとともに、当分の間の特例措置として少年法等の適用の特例を設ける必要がある	選挙権年齢等について、本則で、「一八歳以上」への引下げの措置を講ずる
平成二七年八月五日法律第六〇	参議院選挙区選出議員の選挙について、選挙区間において議員一人当たりの人口に不均衡が生じて	①参議院選挙区選出議員の選挙区及び定数の改正 (1)参議院選挙区選出議員の各選挙区において選挙すべき議員の数を、次に掲げ

改正	改正趣旨・理由	内容
号〔第五五次改正〕	いる状況に鑑み、各選挙区において選挙すべき議員の数につき是正を行い、あわせて二の都道府県の区域を区域とする選挙区を設けるとともに、二の都道府県の区域を区域とする選挙区において行われる選挙に関し、選挙運動の数量に係る制限等の特例を設けるほか、その管理執行体制を整備する必要がある	る選挙区について改める 選挙区　選挙すべき議員数 北海道　六人（現行　四人） 宮城県　二人（現行　四人） 東京都　一二人（現行　一〇人） 新潟県　二人（現行　四人） 長野県　二人（現行　四人） 愛知県　八人（現行　六人） 兵庫県　六人（現行　四人） 福岡県　六人（現行　四人） (2)参議院選挙区選出議員について、次のとおり、二の都道府県の区域を区域とする選挙区を設ける 選挙区　選挙すべき議員数 鳥取県及び島根県　二人（現行　鳥取県二人・島根県二人） 徳島県及び高知県　二人（現行　徳島県二人・高知県二人） ②参議院合同選挙区選挙に関する選挙運動の数量に係る制限等の特例 ①の(2)の選挙区における選挙（以下「参議院合同選挙区選挙」という）に関する選挙運動の数量に係る制限等について、次の特例を設ける (1)選挙事務所の数は、二箇所まで（政令で定めるところにより、交通困難等の状況のある区域においては、一〇箇所まで）とする (2)主として選挙運動のために使用される自動車又は船舶及び拡声機の数の上限は、自動車二台又は船舶二隻（両者を使用する場合は通じて二）及び拡声機二そろいとする (3)新聞広告の回数は、一〇回までとする (4)個人演説会の会場前に掲示しなければならない立札及び看板の類の数は、一〇までとする (5)街頭演説の際に掲げなければならない標旗の交付数は、二とする (6)特殊乗車券の交付数は、三〇枚とする (7)推薦演説会の開催回数は推薦候補者の数の八倍に相当する回数以内とする (8)再選挙又は補欠選挙において確認団体の政策の普及宣伝及び演説の告知のために使用される自動車の台数の上限は、二台とする ③参議院合同選挙区選挙の管理執行体制の整備

		①の(2)の選挙区内の二の都道府県は、共同して参議院合同選挙区選挙管理委員会を置き、参議院合同選挙区選挙に関する事務は、参議院合同選挙区選挙管理委員会が管理する
平成二八年二月三日法律第八号〔第五六次改正〕	国政選挙の選挙権を有しているにもかかわらず選挙人名簿に登録されないために国政選挙の投票をすることができない者が、投票をすることができるようにするために、選挙人名簿の登録制度を改める等の必要がある	①選挙人名簿の登録について、現行法上登録されることとなる者のほか、市町村の区域内から住所を移した年齢満一八歳以上の日本国民のうち、その者に係る登録市町村等の住民票が作成された日から引き続き三カ月以上登録市町村等の住民基本台帳に記録されていた者であって、登録市町村等の区域内に住所を有しなくなった日後四カ月を経過しないものについても、行う ②同一都道府県の区域内の他の市町村の区域内に住所を移した一定の者は、当該都道府県の議会の議員及び長の選挙権を有するものとみなす
平成二八年四月一一日法律第二四号　国会議員の選挙等の執行経費の基準に関する法律及び公職選挙法の一部を改正する法律	選挙人の投票しやすい環境を整えるため、①共通投票所における投票及び、②期日前投票の投票時間の弾力的な設定を可能とし、③投票所に入ることができる選挙人の同伴する子供の範囲を拡大するなどの措置を講じる必要がある	①市町村の選挙管理委員会は、選挙人の投票の便宜のため必要があると認める場合には、投票所のほか、その指定した場所に、当該市町村の区域内のいずれの投票区に属する選挙人も投票をすることができる共通投票所を設ける ②期日前投票所の開閉時間について、開く時刻を午前八時三〇分から二時間以内の範囲内において繰り上げること及び閉じる時刻を午後八時から二時間以内の範囲内において繰り下げることを可能とするなどの措置を講ずる ③選挙人の同伴する幼児、児童、生徒その他の年齢満一八歳未満の子供は、投票所の秩序が保持されることを前提として、投票所に入ることができる
平成二八年四月一三日法律第二五号〔第五七次改正〕	①船員の投票の機会を拡充するため、洋上投票制度の対象となる船舶の範囲を拡大するとともに、②選挙において候補者の政策等を有権者が知る機会を拡充するため、選挙運動に従事する者のうち専ら要約筆記のために使用する者に対して報酬を支給することができることとする必要がある	①洋上投票の対象の拡充 (1)現行制度下で洋上投票をすることができる指定船舶以外の船舶であって指定船舶に準ずるものとして総務省令で定めるものに乗って本邦以外の区域を航海する船員について、現行の洋上投票の対象とする (2)指定船舶において投票をすることができないものとして政令で定める船員又は(1)の船舶において投票をすることができないものとして政令で定める船員について、その現在する場所において、洋上投票を行うことができるものとする ②要約筆記者に対する報酬支払の解禁 選挙運動に従事する者のうち、専らウェブサイト等を利用する方法による選挙運動のために使用する文書図画の頒布又は選挙運動のために使用する文書図画の掲示のために口述を要約して文書図画に表示することのために使用する者について、一定の報酬を支給することができるものとする

改正	改正趣旨・理由	内容
平成二八年五月二七日法律第四九号　衆議院議員選挙区画定審議会設置法及び公職選挙法の一部を改正する法律	衆議院小選挙区選出議員の選挙区間における人口較差に係る累次の最高裁判所大法廷判決及び平成二八年一月一四日に行われた衆議院議員選挙制度に関する調査会の答申を踏まえ、衆議院議員の定数を一〇人削減するとともに、衆議院小選挙区選出議員の選挙区間における人口較差の是正措置について、各都道府県の区域内の選挙区の数を平成三二年以降一〇年ごとに行われる国勢調査の結果に基づきいわゆるアダムズ方式により配分することとし、あわせて平成二七年の国勢調査の結果に基づく特例措置を講ずる等の必要がある	①衆議院議員の定数を四六五人とし、小選挙区選出議員を六人、比例代表選出議員を四人、合計して一〇人削減することとし、削減後の小選挙区の区割りは、別に法律で定める ②比例ブロックの定数配分について、小選挙区と同様アダムズ方式により行う
平成二八年一二月二日法律第九三号〔第五八次改正〕	実習を行うため航海する学生、生徒その他の者の投票の機会を拡充するため、これらの者を洋上投票制度の対象とする必要がある	実習を行うため航海する学生、生徒その他の者であって船員手帳に準ずる文書の交付を受けているものについては、船員と同様に、洋上投票の対象とする
平成二八年一二月二日法律第九四号　公職選挙法及び最高裁判所裁判官国民審査法の一部を改正する法律	有権者が投票しやすい環境を整えるため、在外選挙人名簿の登録申請の方法の見直し、選挙人名簿の内容確認手段の閲覧への一本化、都道府県選挙の選挙権に係る同一都道府県内移転時の取り扱いの見直しを行うとともに、最高裁判所裁判官国民審査の期日前投票の投票期間を延長するなどの措置を講じようとするもの	①在外選挙人名簿の登録制度について、その利便性を向上させるため、最終住所地の市町村の選挙人名簿に登録されている者は、国外転出時に、その市町村の選挙管理委員会に対し、在外選挙人名簿への登録の移転の申請を行うことができる 　申請を受けた選挙管理委員会は、申請者が国外に住所を定めたことを外務省を通じて確認した上で、在外選挙人名簿への登録の移転を行う ②選挙人名簿の内容確認手段について、縦覧の件数が極めて少ないことや個人情報保護の要請が高まっていることなどを踏まえ、縦覧制度を廃止し、個人情報保護に配慮した規定が整備されている閲覧制度に一本化する ③都道府県選挙の選挙権について、同一都道府県内であれば、市町村を単位として二回以上住所を移した場合であっても、その選挙権を失わない
平成二九年六月一六日法律第五八号　衆議院議員選挙区画定	衆議院議員選挙区画定審議会が行った衆議院小選挙区選出議員の選挙区の改定案についての勧告を受けて衆議院小選挙区選出議員の選挙区の改定を行うとともに、衆議院比例代表選出議員の各選挙	①衆議院小選挙区選出議員の選挙区の改定 　平成二七年の国勢調査の結果に基づき衆議院議員選挙区画定審議会が行った衆議院小選挙区選出議員の選挙区の改定案についての勧告（平成二九年四月一九日）を受けて、衆議院小選挙区選出議員の選挙区の改定（一九都道府県九

審議会設置法及び公職選挙法の一部を改正する法律の一部を改正する法律	区において選挙すべき議員の数を改めようとするもの	七選挙区）を行う なお、六つの県（青森県、岩手県、三重県、奈良県、熊本県、鹿児島県）で選挙区の数がそれぞれ一減少する（〇増六減。衆議院小選挙区選出議員の定数は二九五人から二八九人へ減少） ②衆議院比例代表選出議員の選挙区別定数の改正 平成二七年の国勢調査の結果に基づき、衆議院比例代表選出議員の各選挙区において選挙すべき議員の数の改正を行う 定数が減少する四選挙区 東北（一四→一三）、北関東（二〇→一九）、近畿（二九→二八）、九州（二一→二〇）
平成二九年六月二一日法律第六六号〔第五九次改正〕	都道府県又は市の議会の議員の選挙において、候補者の政策等を有権者が知る機会を拡充するため、候補者が選挙運動のためのビラを頒布することができることとする等の措置を講じようとするもの	①都道府県又は市の議会の議員の選挙において、選挙運動用のビラを頒布することができることとし、その枚数については、都道府県の議会の議員の選挙においては一万六千枚、政令指定都市の議会の議員の選挙においては八千枚、それ以外の市の議会の議員の選挙においては四千枚とする ②ビラの作成費用については、都道府県又は市は、それぞれ条例で定めるところにより、無料とすることができる
平成三〇年六月二七日法律第六五号〔第六〇次改正〕	参議院選挙区選出議員の選挙における政見放送について、できる限り多くの国民に候補者の政見がより効果的に伝わるようにするため、一定の要件を満たす推薦団体又は確認団体のそれぞれ推薦候補者又は所属候補者は自ら政見を録音し又は録画することができることとする必要がある	①参議院選挙区選出議員の選挙における政見放送について、日本放送協会及び民間基幹放送事業者は、その録音若しくは録画した政見又は候補者のうち次に掲げる者が録音し若しくは録画した政見をそのまま放送しなければならない (1)推薦団体である政党その他の政治団体で次のア又はイに該当するものの推薦候補者 ア　当該政党その他の政治団体に所属する衆議院議員又は参議院議員を五人以上有すること イ　直近において行われた衆議院議員の総選挙における小選挙区選出議員の選挙若しくは比例代表選出議員の選挙又は参議院議員の通常選挙における比例代表選出議員の選挙若しくは選挙区選出議員の選挙における当該政党その他の政治団体の得票総数が当該選挙における有効投票の総数の百分の二以上であること (2)確認団体である政党その他の政治団体で(1)のア又はイに該当するものの所属候補者 ②候補者のうち①の(1)又は(2)に掲げる者は、政令で定める額の範囲内で、①の政見の放送のための録音又は録画を無料ですることができる

改正	改正趣旨・理由	内容
平成三〇年七月二五日法律第七五号〔第六一次改正〕	参議院選挙区選出議員の選挙について、選挙区間における議員一人当たりの人口の較差の縮小を図るため、参議院選挙区選出議員の定数を増加して各選挙区において選挙すべき議員の数の是正を行うとともに、参議院比例代表選出議員の選挙について、全国的な支持基盤を有するとはいえないが国政上有為な人材又は民意を媒介する政党がその役割を果たす上で必要な人材が当選しやすくなるよう、政党その他の政治団体が参議院名簿にその他の参議院名簿登載者と区分して当選人となるべき順位を記載した参議院名簿登載者が、当該参議院名簿に係る参議院名簿登載者の間において優先的に当選人となるようにし、及び参議院比例代表選出議員の定数を増加する必要がある	①参議院議員の定数の改正 (1)参議院議員の定数は二四八人（現行二四二人）とし、そのうち、一〇〇人（現行九六人）を比例代表選出議員、一四八人（現行一四六人）を選挙区選出議員とする (2)埼玉県選挙区の定数を八人（現行六人）とする ②参議院比例代表選出議員の選挙制度に係る改正 (1)政党その他の政治団体は、特定枠として、候補者とする者のうちの一部の者について、優先的に当選人となるべき候補者として、その氏名及びそれらの者の間における当選人となるべき順位をその他の候補者とする者の氏名と区分して名簿に記載することができる (2)特定枠の候補者の有効投票は、当該候補者にかかる政党その他の政治団体の有効投票とみなす (3)候補者の間における当選順位について、特定枠の候補者があるときは特定枠の候補者を上位とし名簿記載の順位のとおりに当選人とし、その他の名簿登載者についてその得票数の最も多い者から順次に定める (4)特定枠の候補者には、参議院名簿登載者としての選挙運動である選挙事務所の設置、自動車等の使用、文書図画の頒布及び掲示、個人演説会等は認めない (5)投票所の掲示について、特定枠の候補者の氏名及び順位は、特定枠以外の候補者と区分して、特定枠以外の候補者の次に掲載する
令和元年五月一五日法律第一号　国会議員の選挙等の執行経費の基準に関する法律及び公職選挙法の一部を改正する法律	最近の選挙の実情に対応し、天災等の場合における安全かつ迅速な開票に向けた規定の整備などを行う必要がある	①悪天候により離島から投票箱を運べなかった事例などを踏まえ、安全かつ迅速な開票の観点から、開票区の設置に係る規定の整備を行う ②投票所の円滑な設置及び運営のため、投票管理者及び投票立会人の選任要件を緩和する ③選挙公報の掲載文を電磁的記録により提出することを可能とする
令和二年六月一〇日法律第四一号　地域の自主性及び自立	平成三一年四月の兵庫県議会議員選挙や播磨町議会議員選挙などにおいて、住所要件を満たさない者が当選を得られないことを承知の上で立候補をするというように、法律の想定するところではな	地方公共団体の議会の議員の選挙の立候補の届出に添えなければならない宣誓書において公職の候補者となるべき者が誓う事項として、当該選挙の期日において公職選挙法第九条第二項又は第三項に規定する住所に関する要件を満たす者であると見込まれることを追加する

性を高めるための改革の推進を図るための関係法律の整備に関する法律	いイレギュラーな事案が起きたため、このような事態を抑止することを目的として、立候補の届出時の添付書類を見直すということにしたもの	
令和二年六月一二日法律第四五号〔第六二次改正〕	町村合併の進行による選挙運動区域の拡大や、多様な人材の議会参加を促進する必要性の増大などの現状変化を背景に地方からの要望があったことなどを踏まえ、町村の選挙における立候補に係る環境の改善のためその選挙公営の対象を市と同様のものに拡大するとともに、それに伴う措置として、町村議会議員選挙においても供託金制度を導入しようとするもの	①町村議会議員選挙及び町村長選挙において、選挙運動用自動車の使用、選挙運動用ビラの作成、選挙運動用ポスターの作成の三点を、条例による選挙公営の対象とする ②町村の選挙において選挙運動用ビラの作成を公営の対象とするに当たって、町村議会議員選挙においてビラの配布を解禁することとし、その上限枚数は一六〇〇枚とする ③町村議会議員選挙につき、供託金制度を導入することとし、その額は一五万円とする
令和三年六月二日法律第五一号〔第六三次改正〕	平成三〇年と平成二七年の改正法によって、公職選挙法に二つの条文の誤りが生じたためこれを修正する必要がある	①選挙運動用電子メールの送信に係る表示義務に違反した者に対する罰則の規定について、引用条項の誤りを正しいものに訂正する改正 ②選挙事務の委嘱に係る規定について、平成二七年改正法によって加えられた不要な文言を削るための改正
令和四年四月六日法律第一六号 国会議員の選挙等の執行経費の基準に関する法律及び公職選挙法の一部を改正する法律	基幹放送事業者における中波放送の超短波放送への転換に伴い、超短波放送の放送設備による政見放送をすることができることとする等の措置を講ずる必要がある	現在、中波放送の放送設備により行うこととされているラジオ放送による政見放送について、基幹放送事業者における中波放送の超短波放送への転換に伴い、超短波放送の放送設備により行うことができることとする
令和四年一一月二八日法律第八九号〔第六四次改正〕	衆議院議員選挙区画定審議会が行った衆議院小選挙区選出議員の選挙区の改定案についての勧告を受け衆議院小選挙区選出議員の選挙区の改定を行うとともに、衆議院比例代表選出議員の各選挙区において選挙すべき議員の数を改める必要がある	①令和二年の国勢調査の結果に基づき衆議院議員選挙区画定審議会が行った勧告を受けて、当該勧告どおり二五都道府県において一四〇選挙区の改定を行う ②令和二年の国勢調査の結果に基づき、衆議院比例代表選出議員の選挙区において選挙すべき議員の数を東京都選挙区で二、南関東選挙区で一増加させるとともに、東北選挙区、北陸信越選挙区及び中国選挙区で一ずつ減少させる

野澤高一（のざわ こういち）

1959年、仙台市生まれ。選挙プランナー。日本政治学会会員、日本選挙学会会員、公益財団法人日本世論調査協会個人会員。株式会社アノン代表取締役。明治大学および事業構想大学院大学にてゲスト講師を務める。学生時代より宮城県選出の国会議員の地元事務所に出入りし選挙を経験。その後、広告代理店勤務などを経て、テレマーケティング会社営業調査部門執行役員からスピンアウトし、2010年8月、リサーチ＆コンサルティング会社アノンを設立。選挙プランナーとして多くの候補者を指南し当選させている。

選挙学入門
選挙プランナーが明かす逆算の思考

発行日　2023年8月2日　初版第1刷
　　　　2023年10月29日　初版第2刷

著　者　野澤高一
発行者　下中順平
発行所　株式会社平凡社
　　　　〒101-0051　東京都千代田区神田神保町3-29
　　　　電話　03-3230-6579［編集］
　　　　　　　03-3230-6573［営業］
　　　　平凡社ホームページ https://www.heibonsha.co.jp/
ブックデザイン　奥定泰之
イラスト　越井 隆
ＤＴＰ　矢部竜二
編　集　安井梨恵子
印　刷　株式会社東京印書館
製　本　大口製本印刷株式会社

ISBN 978-4-582-82497-1